美人画報ワンダー

beauty magazine wonder

anno moyoco*

安野モヨコ

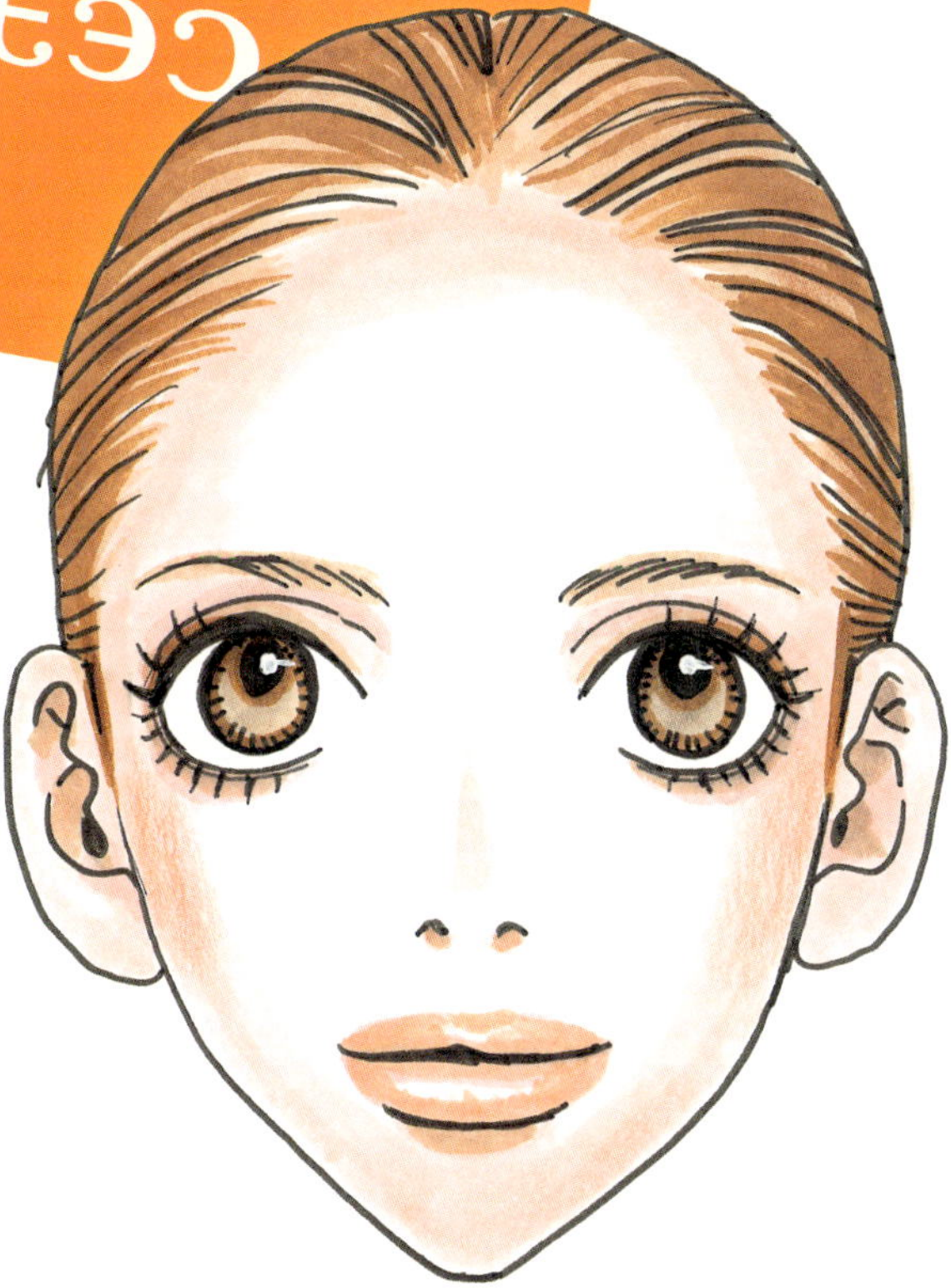

講談社

転んでも転んでも
立ち上がれ！
「本物の美人」をめざして
美の戦士、フォーエバー!!

それにしても今回が最終巻だと思うと**ペン**[※1]**を持つ手も**ふるえます。ふるえると脂肪燃焼するらしいね!!

とりあえず腕が燃焼することを祈りつつ。今回は「美」について書けるかどうかちょっと心配……。

いや実はですね、『美人画報**ハイパー**[※2]』**が出て**、たくさんのみなさんに読んでいただいて、楽しんでいただけた反面、露出するというのはそれだけ多くの人の目にふれる、ということですから、かなりの悪口もまたバーンと押し寄せたのね。

そんでその大半はやはり「**ブス!!**[※3]」

※1 ペンを持つ手も…
ふるえるとホントにやせる…らしい
でも小さいふるえじゃダメかしら。
両手両足をぶるぶるさせてみます。
今夜から!!

というのであったんですが、はっきり言って私、ずいぶんやられてしまいました。
　一生懸命、美人、と思い込もうとしてるのに、知らない人からあらゆる角度で身体的欠陥を指摘されてしまうんですから、途中から「そこまで言われるってことは、私も相当ブスだってことだから……もう諦めて、**鉄仮面**[※4]をつけて家にこもって仕事をしよう……」という考えに行き着いたのです。

　その後の落ち込みようったらなくて、書いてても暗くなるばかりなので書きません。
　でもって3ヵ月くらい**仕事**[※5]**もできませんでした。**弱い……弱すぎる。
　そいで3ヵ月くらいたって思ったんだけ

※5 仕事もできませんでした。
休んで伊豆に行った。みどりが美しかったなー。

※6 じゃあ本物の美人て
顔のつくりは人それぞれの好みがあるから やっぱ中身?

ど、これで負けてるようだからブスって言われんだよね。たぶん。そんで実際表情も乏しくなって目に光が消え……完全にブスになっていく。言われたとおりに変化して、もう哀しすぎます!!

そこで、もし私が本当に美しい人だったら……と考えてみると、まず他人からもともとそんなこと言われない人生だから落ち込みも少ない……はずと思ったけど、案外そうじゃないという話を聞いた。

人より目立ってキレイがゆえ、反発を買うこともしばしばあって、そういう場合はたいてい「ブス!!」というようなことを言われるらしい。おそろしい。この時点で耐えられない。

でも、そういう人たちはそれをはねのけてんだよね。本当に美しい人は、たとえ「ブス」と言われても負けやしない。実際にキレイだから。

で、実際落ち込んで仕事までできなくなってる私は、完全にはねのけられずにがっちり吸収です。それだけじゃなくて、美への興味も情熱もすべて失ってしまったのです。もー助けて!!

でもここまできて、本当にわかりました。

やっぱり外からの声には耳を貸さなくていいんです。もちろん自

※7 美しい物もいい
クリスタルのハート
光に反射してキレイ
リネンのテーブルクロス
ちょうのモチーフのサンダル

※8 美しい風景
東京じゃなくても今は
すぐ旅に出てすぐ美しい所へ。
というのが難しいという
人へは 天気のよい日に
じょうろで水をまいて
虹をつくることを
おススメします。
とってもキレイで幸せよ!

分にとって大切なことを気づかせてくれる意見もあるから、外からの声をすべて無視するってことではなくて、本当に悪意と意地悪、嫉妬などの感情からくる声に反応しているうちは、私もそれを発している人たちと同レベルのブス、ということになるわけだから、もう完全に無視。無視したい!! 無視するには「本物の美人」になるしかない。

[※6]**じゃあ本物の美人て**なに?ってことになるんだけど、本当に顔にも自信といさぎよさが現れている、その上でやさしさや色気などもある人ではないかと思う。人に意地悪を言ったりしなくても、自分の美と存在を確立できる人。

美しい人はいい。[※7]**美しい物もいい**。

[※8]**美しい風景**、美しい言葉、美しい音、光、香り。この世に美しいものは溢れかえっています。

* Specially written for this *

しかもそれを見たり感じたりするとものすごく気分もいい。気分がいいと体調もいい。体調がよければ自分自身も美しい。

それなのに私、ついうっかりとわざわざ美しくないものに耳を貸し、目を向け、美しくない感情にあおられ、美しくない心について怒ったり嘆き悲しんだりしていました。

すると不思議なことにどんどん体調も頭も悪くなって、美しくなくなっていったのです。

これってもう童話のように、わかりやすく教訓をハランだ話だと思いませんか。

やっぱり悪口を言ったり、憎んだり恨んだり妬んだり、は美容によろしくありません。無視すりゃいいのに、うっかり聞いただけで奈落の底です。

本物の美しい人になって、そういったものをもはねのける強さを身につけ

たいと思ったら、まずはそこから。

世の中は美しいものばかりじゃないけれど、美を見出し美を感じ、自分自身が美しくなって醜いものを駆逐していく、美の戦士になっていきましょう。

変身!!

2003年8月、仕事場であるナンナントウにて。奈落の底からはいあがった穏やかな笑顔を見よ！ 美の道は時に険しいけれど、転んでも立ち上がって進んでいく「美の戦士」安野モヨコ。その戦いの歴史が、この本の中にぎっしり！

撮影／蜷川実花

* index *

Fashion Beauty
ファッション・ビューティ

Diet Health
ダイエット・健康

Style Life Mental
スタイル・ライフ・メンタル

Travel
旅

Fashion Beauty

ファッション＊ビューティ

Diet
Health
Style
Life
Mental
Travel

安くても高くても、
出会いはたぶん運命!
女子の肉体を彩る、
キラキラなアイテムたち

今日もドレッサーの上はものすごいことに!! だいたい月に一度はあまりのぐちゃぐちゃさ加減に発狂して、**まだ使えるマスカラ**[※1]を捨ててみちゃったりして。その後すごく必要だったと気づいてもう一回買いに行っちゃったりして!

だいたいキレイになろうとするうえでの家の中の聖域であるドレッサー、いわ

このころヌケガラのようになっていた……。
結婚式と引っ越しは一緒にやらないほうがいい。

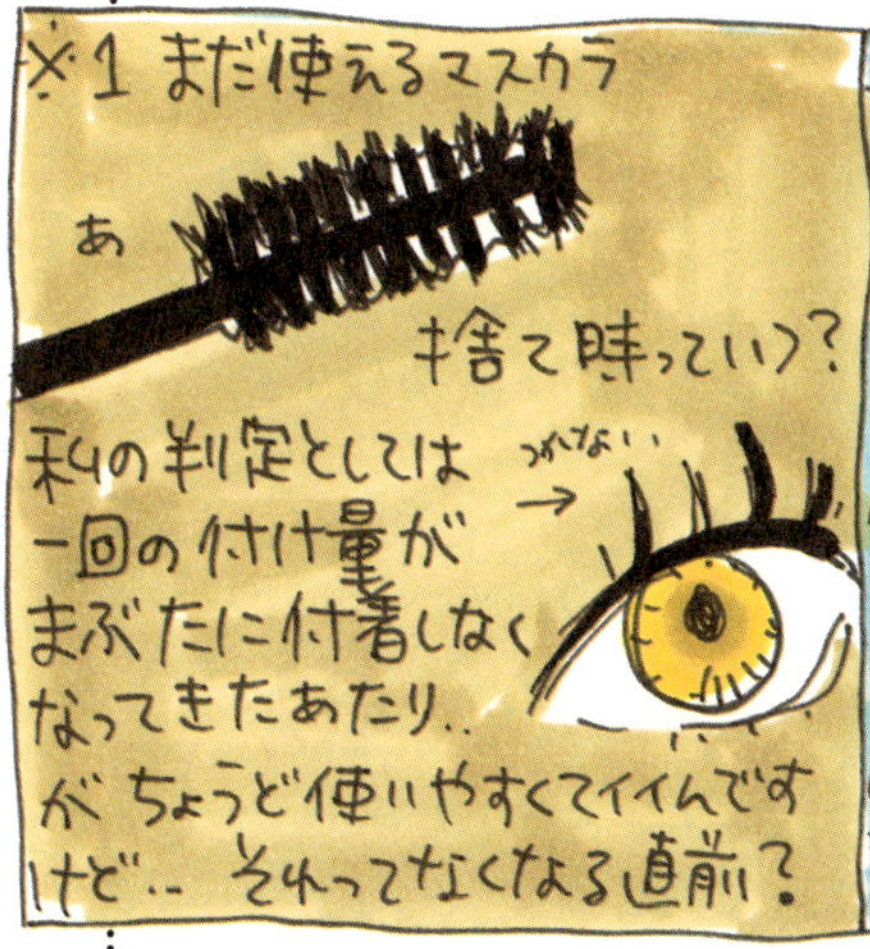

ば神棚でもあるドレッサーをこんな状態にしていいと思ってるところが最近ダレてきてんじゃねえのか安野モヨコ!! 自らカツを入れる昼下がりです。カツを入れたもののしばらくは散らかり放題のドレッサーの前で力なくぼーっと座っています。

横目でこっそり盗み見てみたものの、依然として片づいていない。自分で片さない限り一ミリもキレイにはならない。それが自然界(ドレッサーの

でもよく見るとサプリメントとかもある。
2003年8月現在、
サイコロもころがっています。

上の）の掟《おきて》です。まずレシートと名刺はホルダーに収めて……って気づいたらその紙類以外は全部アクセサリーじゃねえか!!

……昔から片づけ下手な私もいろいろな特訓を経て、捨てる勇気を身につけました。使わなくなったソファを廃品回収してもらうなど大物の手放しにも成功し、なんとか「散らかりづらい」部屋をつくり、維持してきました。しかし小さなとこに現れてしまう「捨て下手」。アクセサリーに関してはまだ修行が足りないんでございますよ。**片っぽなくしたピアス**[※2]を左右別につけたりしてアキラメが悪いんでございますよ。そのおかげでドレッサーの上は……いつも戦場のような……。

毎日つけるピアス数種の入った**シルバーの皿**[※3]が2枚。ピアスだけじゃなく指輪もごろごろしています。私は**バングルが大スキ**[※4]で、着脱するのがメンドーなのもあっていつも2～3コつけているのですが、なにも着てない時にアクセサリーしてるのも女っぽくてスキなので、18金とかにしています。なんか原始的でいいじゃないすか。「自分の肉体」の付加価値をあげるっていう本来のアクセサリーの目的に近くて。

バングルやブレスとピアスを**おそろいで買うのがスキ**[※5]です。ネックレスとピアスがおそろいなのもカワイイけど、耳と首って位置が近すぎて「そろってます!!」っていうのが強くなりすぎっていうか……。ちょっと日本文化センターのテレビショッピングみたいになりそうで、私はわりと考えてしまいます。

ネックレスとリングとか、ちょっと離れたところでそろえるのがいいのかも。ピアスとへそピアスとかね。アクセサリーをそろえておく良さって、たぶんインパクトだと思うんですが、一コだとカワイくても人はそんな細かいとこ見てないから、そのアクセサリーのディテールがプラスされての今日のこのバランスよっていうのが伝わらないおそれがあるんですね。でもピアスとブレス、とか二段がまえでつけることで、そのディテールのかわいさがハッキリ形になって見えてくるのであります。で、それだけだとちょっと工夫がなさすぎるので、ネックレスとかは違うモチーフのをプラス。これで奥行きとおしゃれ感が倍増されていくっつーわけです。

ってなにをドレッサーも片づけないでエラそうに語ってるんだ!!! でもね……聞いて。昨日は講談社漫画賞という**パーティー**[※6]があったのですが、締め切りに追われた私は当然新しい服も買いに行けず、手持ちのほぼ普段着で行くしかなく……。しかしそれはお祝いの席に失礼ではないのか!? どうしよう!! と考えたあげく、アクセサリーをいつもより多くつけることで少しドレスアップしたのです。ターコイズ系なのでそんなにドレッシーではないのですが。

ジャラジャラになりすぎないように調整しつつも普段しない大ぶりなものも加えることでパーティー感を出してみました。あと白シャツにまとめ髪でデカめゴールドのピアスって永遠に小ギレイ感&ハイクラス感のスタイルだよね。ピアス一つで大違い!!

ちなみに高いアクセサリーもスキ

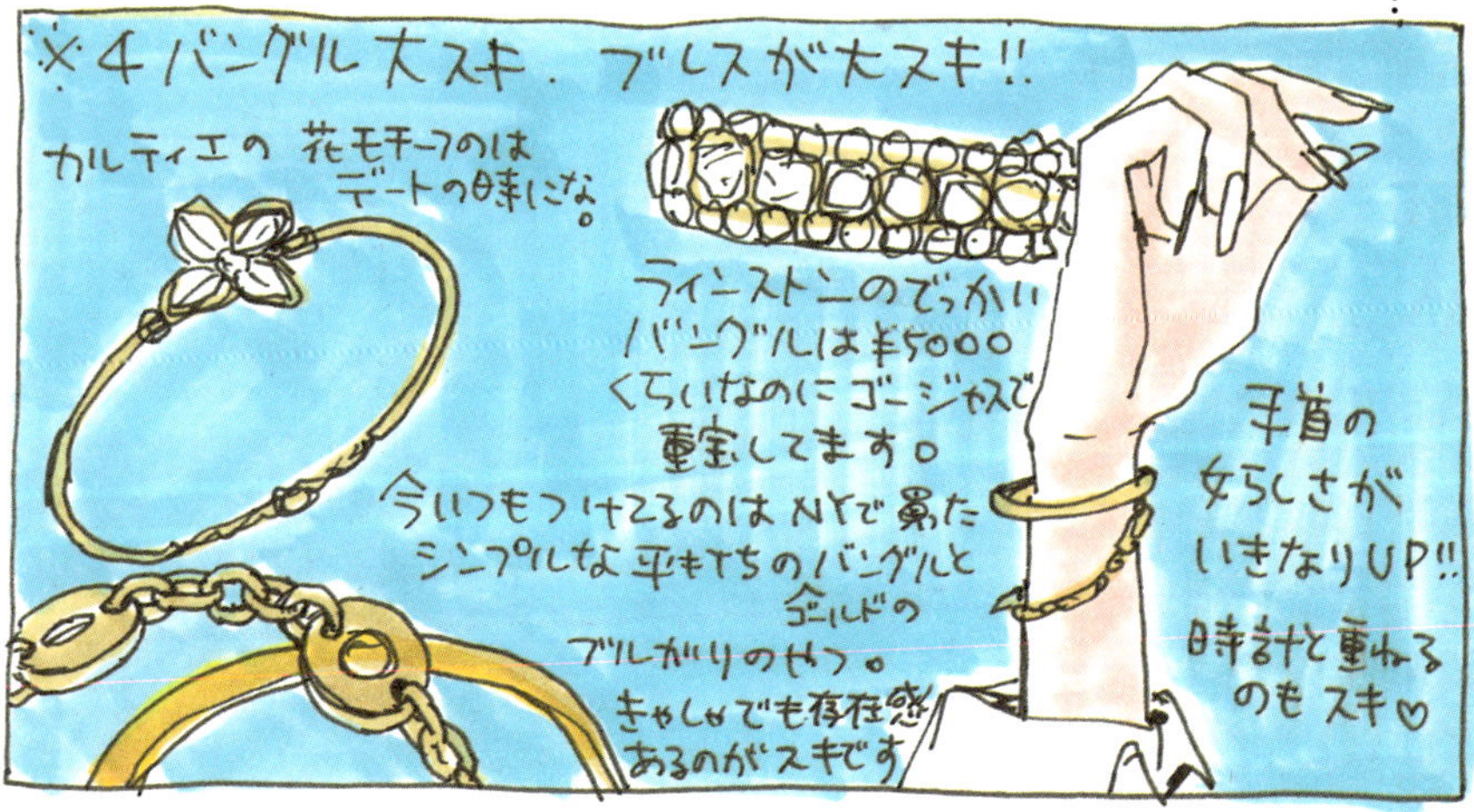
※4 バングル大スキ．ブレスが大スキ!!
カルティエの 花モチーフのは
デートの時にな。
ラインストーンのでっかい
バングルは¥5000
くらいなのにゴージャスで
重宝してます。
今いつもつけてるのは NYで買った
シンプルな平打ちのバングルと
ゴールドの
ブルガリのヤツ。
きゃしゃでも存在感
あるのがスキです
手首の
女らしさが
いきなりUP!!
時計と重ねる
のもスキ♡

このハートのピアスとペンダントは
恵比寿のGABSで買ったのであります。

ここへんに出てるアクセ……
もう半分くらいなくしてしまった。どこへ!?

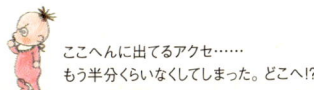

だけど安いのもスキです。高いのはその迫力と本物の輝き、安いのは「安くてもめかしたい」という心とお手ごろ価格ならではの今しかいらない感じを、それぞれ愛しています。

愛してるのはいいけど全然ドレッサーの上が片づいてなくて本当に困る。アクセサリーは、捨てちゃってから同じものってほとんど買えないからかも……。出会いは運命!! もちろん私たちをかわいくしてくれるという運命だからね。そうそう捨てらんないのよね。

2002・9

ふり回されるもまた楽し。心に占める〝おしゃれ指数〟は何パーセントか、が問題だ

もー冬ね。**なんで**[※1]**毎年**冬が来るのかしら？　そしてなんで冬は寒いのかしら？

年末進行ですっかりしぼりカスのよーになっている私の脳ですが、なけなしの思考力を使って考えてみても、今着てるこの大スキなうすピンクのニットには、どう見てもインクのシミがついているようなんだよなー。どうしてかしら？？どちて……？？　ナンデナノカナ？

アホにならないとやってられないよ!!　だって!!　すごくすごく気に入ってんのよ!!　すごく安いけど!!　てれんとした質感とかさー。ああ……かなしい。自慢なんだけど私、漫画家10年以上やってて**服**[※2]**にインク**つけたことなんてないのよ。それなのによりによってコレに!!　**安**[※3]**くてカワイイ服**と

最近、黒星が続いている。
買ったばかりのブラウスも汚しました……。
歳とって手元がゆるくなったのか？

いういちばん愛すべき存在になぜこんな。

　仕事中に気に入った服を着てるのが悪い、というハナシもあるけど、それについてはね……ちゃんと理由があるの。世の中にはめかす時はめかす!!　仕事中は仕事着で!!　という人もいらっしゃるとは思いますが、私は仕事中もかわいい格好かスキな格好をしていたいの。たとえその日は一人で誰もいない仕事場で作業していても。

　なんでかというと、「汚れてもいい」というのがいちば

※3 安くてカワイイ服
あたしの永遠のテーマ
「セクシーでかわいい女の子」
高い方が品質がいいのは当然なのですが、安い中でかわいく、セクシーにときにはゴージャスに見られたい、とゆう
ムスメ心
がスキなの。
いつかはホンモノを…とデカいジルコニアのリングとかする

この手でさわるすべての
カベも黒くなる。
たすけてください。

んの優先順位で選んだ服なんて着たくないから。第一どんな服も汚れたらイヤだよ。いつでも自分が気持ちよく楽しくいられる格好を優先順位にしているので、当然そのかわり仕事の時は汚さないように少しだけ気を遣う。本当に少しだけ。慣れてしまえば別に普通だしね。

そんな私が**最近どんな**[※4]格好をしているかといえば、「仕事もできて（長時間座ってても平気）、そのままお出かけできる」がテーマ。

パンツなんだけどちょっとエレガントとか。スカートだけどちょっとスポーティとか。そんで、高いのも安いのも同じように毎日着るの。ワンピースとかは、ものすごく自分に似合うやつなら超高くても買うが、そのかわり、カーデとかデニムと合わせてすんごい着まくります。ベルトで短めにして、ミニワンピのようにしたり。そんでニットはいろんな色をそろえて合わせる。

黒と白とキャメルの自分内三原色にしぼっていた時期もあったけど（27〜29歳くらい）飽きちゃった。大人っぽくて金持ちに見えるけどそれがなに？みたいな気持ちになって。いや、**そのころ買ったアイテム**[※5]も重宝してるんだけどね。

最近よく思うのは高い服買っても着た時かっこ悪かったり「金持ちそうだ

今日はワンピースに
ゆる〜い長〜いカーディガン。
どっちも超お気に入り。

がいまいちダサい」という人になりたくない、ということ。まー買えないっていうのもあるんだけど。私は**適度に安いもの**[※6]とか古着とかもミックスしつつ**クツとバッグ**[※7]は押さえとく、ぐらいがスキなので。

　とはいえ、なんかもうずっとおしゃれ漫画家とかいわれてますが、私べつにおしゃれじゃないから。洋服にそそいでるエネルギーは全体の7パーセントぐらいだよ。あとは仕事とか食事とかラブとかオモロいこととかで、どう考えてもそっちのほうがウエイトが重い。漫画家さんでも私よりおしゃれな人はたくさんいるのであります。私にとってのおしゃれとは生活の中にちょっとあるもので、それによってうれしくなったり、ちょっと幸せになるもの。そしてそれだけ。

　そんなわけで今日は連日の仕事仕事で締め切りラッシュに追われ、おフロに入ってても次のストーリーを考え、髪の毛乾かしながらペン入れの時間を計算したりしているうちに、ハッと気づいたらミケンにシワが寄って、完全なる男顔。イッキに5歳ぐらいふけてる感じ。もー自分で自分に「課長！」と呼びかけそう。なんとか女子にもどりたい一心で**カンフル剤**[※8]として愛用中のピンクのニットを着て出勤したところ……かなしい出来事に見舞われてし

このZARAのカットソー……まだ着てる。
ホント服を買わなくなりました。

まったというわけなんだけどさ。ぐすん……。ちゃんとシミ抜きして着ようっと。

なんか……おしゃれなんて、そんなにウエイト置いてない、といいつつ、お気に入りが汚れたら落ち込むし、グロスの色が思ったよりオレンジだった時も前髪がキマんなくても、ブーツの長さがスカートより中途ハンパに短くても、気になってもう一回家に帰って直したりしてんだよね。

ふり回されないでいたいけどふり回されちゃってる自分も案外スキだったりする。30すぎてもこうだからもしかして私は一生こうなのかもなー。なんて思う冬の晴れた火曜日。なんでピンクかっていうとクリスマス**ツリー**[※9]のオーナメントに合わせてコーディネイトしたんだったりして。

2003.3

今年はムラサキのアイテムをプラスして
セクシーにアレンジしてみようと思ってます。

ついに実現、積年の念願！
足を踏み入れるやいなや、
ハマってみましたキモノ道

[※1]**やっぱ言ったことは**やらないと!!と思いつつ、一年以上放置していることってないですか？　たぶんそれって今やらないと一年後もやらない。そして気づくと3年くらい平気で経過して「あの時やってれば今ごろフナ釣り名人だったかもしれないのに……」と後悔するハメに。そして一生が終わる時、さらに「ああ……結局やらなかったな……。後悔しても後のまつりとはこのコトか……」などと思うのはイヤ。イヤなので今日

※4 本当にかわいい
こーゆう柄とか!!
たまんないっスよ〜

MOYOCO'S KEYWORDS
※1 やっぱ言ったことは…
何しろ着物着たいとか欲しいとか、もう
4、5年言い続けていた割に常に「あと2、3年
したら…」とぼんやり思っていた私。
ここに来てやっと実現。「美人画報」やってなかったら
一生言ってたかも。
いつか…っていつ??
※2 「あやはた」
紫のヘアカラーがバッチリ!の綾秦センセイ
美人です
何でもきいて!!
※3 完全におはしょりの出ない
そでも短いし。
帯の下のおはしょりがないと
旅館のゆかたと同じカンジになっちゃって
なんかヘン…。
つんつるてん!!
※5 同じ着物でも着る人によって印象が全く変わって面白い。
似合う着物も全然ちがうしね
似合うわー
ちがう着物みたい!!
あたしが着るとバカみたいだったのに
ヨキ・コト・キク(斧琴菊)みたいだったのに
それにしてもみんなで大さわぎしていろいろ着るだけでも超楽しい

やろう!!

　ということでついに念願のキモノ道へ足を踏み入れました。さくっと。あんまり気負いすぎてツイ先送りにしてたんだけど、さくっといってみたら案外するりとハマるもの。

　(担)と訪れたのは赤坂にある着物のお店**「あやはた」**※2。ここの綾奏節《あやはたせつ》先生にコーディネイトの基本を教わりつつ、アンティークの着物を買うというのが今回の美人画報です。まず先生は私と(担)&ここを紹介してくれたライターの川崎さんに「とにかく気に入ったものをはおってみて」と、おっしゃいました。棚に並ぶ明治、大正、昭和初期の超キュートな着物たちを前に、いきなりギアが入る私です。

　江戸ムラサキの地に浅葱《あさぎ》色のつると白いぼたんが入った着物をさっそく試着。裏地なんて淡いレモンイエローで、ものすごいかわいさ!!　……し、しかし。昔の人の身長は１４０〜１５０センチ。ちいせ〜〜……。**完全に**※3**おはしょりの出ない**丈で、私のジャスト足首というミニサイズ。「やっぱり古着って……」イッキにテンションが下がる私に先生は「どんどん着るの。とにかく着るのよ」と、すすめてくれます。

こうなったらサイズは気にしない!!と決めて色、柄で気になるモノを次々に試着。明治、大正の着物は[※4]**本当にかわいい**。特に紫が違う!!　赤も違う!!　染料の違いなのか、現代の着物でも「レトロ調」とかいう不気味なネーミングのそれ風のがあるけれど、センスのキレと発色が大違い!!

なにが違うかというと紫だった、と発見しました。次々とど派手な着物に身を包む私。「獄門島（金田一シリーズ。もちろん石坂金田一ね！）」か？と思うような着物も臆せずチャレンジ！　(担)や川崎さんも3人して着たり脱いだり。[※5]**同じ着物でも着る人によって印象がまったく変わっておもしろい**。もっと不思議なのは、似合う似合わないがハッキリしてて、「違う」着物は着ても「？」となる。しかし!!　「それ」をはおったとたん、その場にいる全員がにぎりこぶしでヒザを打つほど「それだ!!」というのがわかって本当におもしろかった〜。

洋服なんて（最近のは特に）誰でもそこそこ似合うけど、着物はそうじゃない。そのかわり誰にでも最高に似合うジャストの着物があってしかもそれは、その人のいちばんミリョク的な部分（たとえばかわいさ、とかアダっぽさ、とか）を最大限に引き出すの!!　でも、先生はそこで言われたのです。

※6 そして厳選の三着（プラス羽織）
←こっちは後日原宿の古着着物屋サンで買った「獄門島」キモノ
すんごい派手!!
←コバルトブルーの帯あげがポイント!!
どのキモノにも合う無地のたまご色の帯と黒（こげ茶?）の綸子の帯を買いました
↑すごくポップな色のストライプの着物。めずらしく大きなサイズで即決!!

※7 最近買ったかんざし
となりの…
原宿のFACEビルのとなりのビルの3Fにある
「ベビー・ドール」というちょっと濃いブティックで買いました。前回のデカラインストン・ピアスもここで。最近小物やアクセは全部(!!)ココで買う程のハマりよう。だってすごくカワイイんだもの。ちょっとゴシックなんだけど、それをカジュアルに合わせるとセクシー路線ュー
着物のときのアクセもココでそろえようと思ってます。
買い物しすぎて店の人に人形もらいました。

「スキな着物を着るとその人が輝くのよ」またしてもヒザを打つ私たち。「似合わないかな、と思っててもスキなら着て似合うようにコーディネイトで着こなすのよ」打ちすぎてヒザのお皿は割れそうです！

今度は選んだ着物に帯や帯あげ、帯じめをセレクトしていきます。ここで着物マジック！　普段の服のコーディネイトなら「オイ！」とつっこみが入るような色をイキナリ持ってきます。イキナリでもないか……。着物の柄の中に入ってる色であれば基本的には問題ナシ。とにかく新鮮な色合わせにおどろきながらも夢中になっていく私。

心が……心が喜びに満ちあふれても

のすごい幸せ感。出てます脳内麻薬!!　女はいつの世もこうしてめかすことに喜びを見出していたのね……なんて昔の人の着物を手にして、あらためてうれしくなりました。

※6**そして厳選の3着**を購入です。着丈問題は帯の部分をついでもらうことで解決。帯もすべてに合わせられるたまご色の名古屋帯を買いました。コレを着て、えりを抜いて黒とべっこうのネックレスして……※7**最近買ったかんざし**(パリのもの)を挿して……帯どめにはその店で売っていたラインストーンでできたクモのブローチしたら……。それでそれでNYで買ったラングのサンダルを合わせてもカワイイかも!　半えりにダルメシアン柄っていうのは?　やばい……。本当にキリがない。楽しい!!　楽しいよ着物!!

次の日も竹下通りの奥の古着屋さんに行ってまた買ってしまいました。早くもハマってます。もしかして今まで先送りしてたのは、こうなることがわかっていたからなのかも……。本能で察知するほどキケンな道へ踏み込んだのかも……。……。でも……楽しい!!

2002・3

そして現在キモノは増殖を続け20枚くらい?
ついに桐だんすを買いましたよ。
しかしそのために働いて……また着る時間が……。

美人度を底上げするも
底下げするも使い方次第。
愛すべき「美の結晶のような液体」、
その名は香水

先月号（２００１年11月号、166～180ページ参照）では超**のん気なNYリポート**[※1]をお届けしましたが、発売日前にテロが発生。原稿が印刷工程に入ってからだったので間に合わず、能天気にお買い物している話と、テレビにうつされる廃墟のギャップに我ながらぼんやりしてしまいました。

恐ろしい。世の中なにが起こるかわかりません。一寸先は闇です。美容の話などしている場合じゃないのかもしれない。でも、したい。だから今月はこっそりいくことにした。

こっそりとなんの話をするかというと、香水。みなさんも大スキな、私も大スキな良い香りのするお水。実はコレはこっそり話すのに最適なテーマなのです。なぜか!!

それは、よく雑誌の香水ページの紹介において使われる

MOYOCO'S KEYWORDS
※1 のん気なNYリポート…。(冷汗)
時事ネタと言うには余りにも深刻!!。
ちょうど1ヶ月くらい前にはあそこにいたのか…。と思うとひとしお。
実際友人でNYに仕事に行っていた子は帰れなくなっていました。
ひぃぃ…

「アンバーとムスクの」とかゆう説明。そういった専門用語および知識が私にはほとんどないからです。ただ好き。それだけ。

私の部屋には「**香水タワー**」※2という名の棚があり、そこには**デイリーで使う香水**※3約15本が置いてあります。以前は海外に行くたびDFSで新作を総チェック、とかしていたのですが、結局好きな香りって決まっているので無駄になることがわか

※3 デイリーで使う香水…全体的にフローラルが多いです。
ミュゲ・ド・Dジーヌ
小型のは持ち歩き用に持ってます。
←ここがダイヤカット
NYの取材で買ったモノ(カリプソにて)
MUSKISSIME ROSE
今一番よく使ってます
スプリングフラワー
ロスのフレッドシーガルにて。ボトルの色がすごくスキ♡
そして…超大スキなボルゲーゼの「イルバチオ」…
東京ではもう買えないの?!
残りが少ないのよ～
売ってるトコあったら教えて!!

今よく使っているのはアニック・グタールの「ケラムール!」。
でも、この前つけすぎてしまいました。
試着室の中で自分の香水に酔ったわ。気をつけなきゃ!

り、今ではレギュラーを使い切ったら補充&流行のもの1～2本というスタイルに落ち着きました。

よくいわれていることですが、香水も気分を盛り上げたり盛り下げたりするものです。**YSLのベビードール**[※4]の香りをまとって仕事!!とかいうのはお葬式で軍艦マーチをかけるようなもの。スイートな時にはス

※2 香水タワー
バンブー風のアイアンで出来ています。
(竹に見せて実は鉄)
足をぶつけるととても痛い!

※4 YSLのベビードール
ピンクとゴールドが大大大スキ
どっちも大スキ!!
私の愛用品の中での最南端と最北端かも。
ボトルもカッコイイ

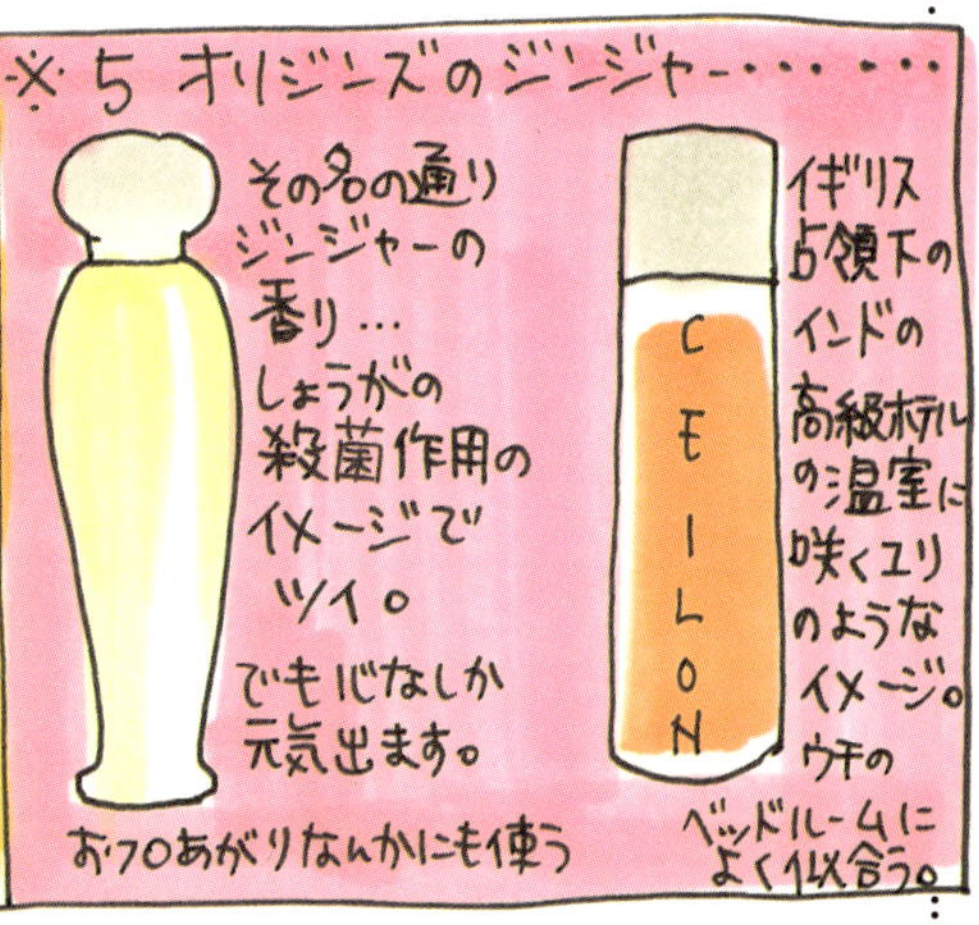
※5 オリジンズのジンジャー・・・・・・
その名の通りジンジャーの香り…
しょうがの殺菌作用のイメージでツイ。
でも心なしか元気出ます。
おフロあがりなんかにも使う
CEILON
イギリス占領下のインドの高級ホテルの温室に咲くユリのようなイメージ。
ウチのベッドルームによく似合う。

イートな、クールな時にはクールな香水で自分の気分をメイクしたいものです。仕事の時に私が愛用しているのは去年（２０００年）発売されたＤＫＮＹのユニセックスな香り。適度にシャキッとしつつ乾いてない感じがほどよく仕事モードで気に入ってます。

シーンごとに使いわける、というのも私の場合は「カゼひきそうな時は**オリジンズのジンジャー　センシャス　セント**[※5]」とか「ベッドルームはイザベルのセイロン」とか決まっています。「大切に思っている女の友だちと会う時は**アントニアズフラワーズ**[※6]」とかね。いつも気をつけるのはつけすぎない、ってことかな。

まー基本中の基本なので今さらなに言ってんだ!!と思われるでしょうが、電車などに乗っていると駅に着いた直後から車内中にまき散らすイキオイで「**トロピカル　パンチ**[※7]」がうずまいたりすることがあります。つけすぎ。あきらかにつけすぎ。パンチなだけにクラクラになります。などと笑点の大喜利のようなことを口走って車両を移動。

香水ってアレじゃないの？　すれちがった時などにフッと香って「ん？いい匂い……」と気づいた人がさらに「もっとかぎたい。あの人のそばに行きたい」と思うくらいがいいんじゃないの？ 理想としてはその人がいるとなんとなくその場がいい香りになる。あくまでなんとなく。そんな香りづかいの人に私はなりたい。キンチョールのようにまき散らすのはよろしくない。

なんかご隠居の説教みたくなってきちゃいましたが、香水の美人度底上げ能力といったら、下手すると化粧品以上かもしれないので上手に使っていきたいところ。

もちろん香りとして使うのは当然ですが、香水で大切なのはボトル。なんといってもドレッサーの上の主役は永遠に香水のボトルです。お花をかたどったキャップやゴールドに輝く浮き彫り。中には琥珀《こはく》色の、薄紅色の、とりどりの液体が解き放たれるのを待ちかまえています。その並べられてるところを見ているだけで超幸せ!! そのうえシュッとひと吹きしたらその魔法の水は私たちに乗り移って、私たち自身を「美しく良い香りのする果物」のような存在に、一瞬で変えてくれるのです。素敵!! 素敵すぎて飲みたい!! 飲むな!! 見た目にも美しく、つけるといい香りで美女度UP。そんな美の結晶のような存在の香水。これでおいしかったら完ペキです!!

ところで私の香水の歴史の第一ページ目にあるのはなんと、小学生の時自

※6 アントニアズフラワーズ
これは17才くらいからず―っと愛用していて今でも大スキな私の中でのベストパフューム。はじめて自分の香りと決めた香水です。

※7 トロピカルパンチ
ボトルの色があまりにもカワイイ♡おいしそう。香りもスキ。ウチのギャルアシななこチャンが愛用してます。
食べ物？

分で製造した「**キンモクセイの香水**[※8]」なのでした。ちょうど今ごろ、大きなキンモクセイの木をめぐって小ビンいっぱいの花を集めて水を入れ、半年ぐらい経つと完成するのです。今思うとよく腐らなかったものだと感心するのですが、うすくオレンジ色に染まった液の少しまるみのある甘い香りは、今でも私の選ぶものの基本になっている気がします。

あのビンどこにやったんだろう……。発見しても恐ろしいことになってそうなので美しい思い出として封印。

2001・12

※8 キンモクセイの香水
実際体に付けてもすぐ飛んでしまうのでもっぱらビンをあけて匂いをかぐだけでした。
でもいい香りだったよ。

そのほかに、沈丁花でも製造しました。
でもキンモクセイのほうが香りが強く出たなー。

左のよーなセクシー系のカッコで「ベビードール」だとトゥーマッチなのでクールな香り
右のようなアッサリカジュアルの時は逆にCKとかだと「そのまんまやん！」という感じなのでもっと甘いセクシーなやつを。

意外な香りの方がドキッとします。

やっぱひき算？

格好とのギャップが楽しい。

ギャップ好きの私。

↑毎月言ってる…。

賢い買い物が肌を育てる。伊勢丹地下2階で見つめ直す、スキンケアの道

私、みなさんにあやまらなければならないことがあります。

以前ビジュアル的にちょっととかいろいろとやかく言ったあげく、ハナでせせら笑っていた**あし指くつ下**[※1]（イオン入り）を買ってしまいました。そしてはいてしまいました。そしたらものすごく効いて、足とか細くなって肩コリが治ってしまいました。すいません。本当にすいません。

そもそもバスマットとスリッパを買いに行った東急ハンズでなぜかあし指くつ下とお風呂用晩酌《ばんしゃく》セットを買っていた私……。買い物が下手、というより買う物が思い出せない、というレベルまで脳の状態が進行中。最近は思い出せないのも通り越して、買い物先でまっさらな自分に生まれ変わったとしか思えない買い方が目立つ。

MOYOCO'S KEYWORDS
※1 あし指くつ下 商品名は「あかたび」…。
イメージ画ぞう
朝
あたまいた…肩コリ…
疲れとれねー
だったのが
肩スッキリ
よくねたー

マスカラ一本[※2]買いに行ったはずなのに、**なぜ4万円もする**[※3]コラージェンマスクを買っているのか。入浴剤とか。もっとわからないマイナスイオン発生装置とか。そして肝心のマスカラはもちろん買ってない。

もうね、今日の私は今朝切れた化粧水とアイメイクアップリムーバーは絶対に買って帰るから!!

※2 マスカラ1本
今はDiorの黒!!
その上にクラランスのフィックスマスカラ
全てデラジュンセレクト!
※3 なぜ¥40000もする…
この夏VALMONTのとりこだった私
コラージェンマスクトリートメント
ほぼヒフ! みたいなマスク…。
40分後には新しいヒフが…。
大スキ… けど高い。
インテンシヴトリートメントもほしい… けど高い。
マイナスイオン
部屋が涼しくなる。

この時予約してたのは、
ローズのオイルだったと思います。

あとあし指くつ下ももう一足買うから!! それだけは見失わないように! と、お目付け役として同行の(担)テラジュンに申し伝え、2人で伊勢丹へ向かった。

さっそく**ディオール**[※4]**の**先行ショップにて足をすくわれる。ブーツコーナーにも足をすくわれる。しかしとりあえずB2には向かうことができた。最近B2が気に入っている私。なぜなら空いているから。そして楽しげな化粧品が山盛りあって、どれも私のツボ!!

アロマセラピー　アソシエイツ[※5]のバス&ボディオイルはもう大スキで、全種類ほしいくらいハマっている。予約していたものをさっさと入手して、自分的には目的を達成した気分。化粧水も買ったしね、フフ、あとは全体的に流すとすっか。

ズィー・ビガッティ[※6]（やっと言えるようになった……）**のクレンジング**が良かったので、例の毛穴の消えるクリームでも買おうかちら……とか言い出したあたりからテラジュンの目が光り出した。化粧水をもう一本買おうとしている無軌道な私に修正が加わる。「さっき一本買ったじゃん! それに、角質落とす系の化粧水はダメ!!」そう、ヒフの薄い私（しかも乾燥肌）に〃はがす系〃の化粧水は、御法度《ごはっと》だ。
「でも……水分ホキューしないと」「はがす系ばっか使ってどうすんですか。それに、水分ホキューはした後こそが大切なんですよ!!」そこで、**今の私のケア**[※7]を伝えたとたん、テラジュンの毛が一本立ちになった！（ように見えた）。「なにひとつうるおしてないじゃーん!!　ちゃんと水分与えて！　で、フタをしろフタを!!　クリームは!?　クリームも大事だよ!!」だって……なんかめんどくさいし……クリームってベタベタしてキライなんだもん!!　パックで水分ホキューしてるから大丈夫だヨ！　「スペシャルケアより毎日の保湿ですっ!!」お目付け役にギロリとにらみつけられたアホ殿は、ふるえながらもナットクした。

　水分をおぎなってもフタをしないと飛んでいく。ツイツイ目先にとらわれて「毛穴ケア」に走り、汚れは取っても水分にフタしないで寝ていた私。いや、だいたい水分もちゃんとあげてなかったし。アカン、だからまだまだ乾燥していたのね!!　**テラジュン**[※8]**に激しい往復ビンタを**くらって目覚めたわ!!

　そして、美容班のしごきはまだ続く。フラフラと**デクレオール**[※9]のバストアップムースなどを手にとって喜んでいる私に「アイメイクアップリムーバー

※4 ディオールの
ツイ‥
かってしまいました。‥

は!?」アイスピックのようにするどいつっこみが!! アイメイクアップリムーバーってたいていブルーで、それがイヤ。ピンクやオレンジのを探していたのです。まんまと目の前にあり、話を聞けばパックの要素も持っているという夢のようなリムーバーなので即買い。

一応コレで買うべきものは買うことが

※5 アロマセラピー
アソシエイツ
パッケージもかわいくて大スキ
おフロでのマッサージがすごく気持ちよくてね。汗かいて老廃物出してるせいかむくみもへった。
ローズスキントニックも優秀。
売り切れてた。人気なのね。
特にリバイブイブニングと女性ホルモンのアンバランスにきくレスキューエクイリブリアムが大スキ!! 超愛してます。

恵比寿のガーデンプレイスにもあるのでしょっちゅう行ってます。

今は乳液とナイトクリームにスンダリを使っています。
カパ　オイルフリーハイドレーターの
テクスチャーがサラッとしてて大スキ！

Fashion ＊ Beauty

TERA JUN
※・6 ズィー ビガッティーのクレンジング
美容液のよーな成分のクレンジング。本当にすばらしい!!
zB
Re-Storation
Z.Bigatti
毛穴の消えるクリーム
アイクリームなんかもいいんだけどさ‥高くてさ‥万引きしそうになったよ。
MOYOCO
※・7 今の私のケア（改善前）
① メイクおとし ズィービガッティ
② 化粧水 ヴァルモン（はがす系）
③ 乳液 シスレー エコロジカル コムパウンド
④ アロマセラピーアソシエイツのフェイスオイル（ローズ）
ひとつひとつは良いんだけどくみあわせが…
※・8 テラジュンの往復ビンタ後
① → ② 化粧水 → ③ 乳液
そのまま
アロマセラピーアソシエイツ（うるおす系）
パッティング100回
そのまま
④ ズィー・ビガッティ リストレーション スキントリートメント
⑤ メイク下地 フェデルム エマルジョン クリーム
※・9 デクレオール セフォラなき後はここで…。
ほぼ色だけで決めたアイメイクリムーバーだけどすばらしかった！
DECLEOR
バストアップのムースと共にセルライトにきくというオイルも気になった!!
※10 キャロルフランクのオイルやら
Carol Frank PARIS
VOCEにものってたやつ。サンプルもらったらホントにティッシュに油がつかなくてビックリした。
やっぱりオイルあなどれん。
担はホントはやさしく美人なのだ。あたしの頭ふんでるけど

このあとテラジュンは周りに「コワイ」と言われてしまったらしいが、
本当にそんなことはナイ。本当にやさしい。
と、クドクド言うとまたおどされてる感じが……。

できひと安心。しかし**キャロルフランクのオイルやら**[※10]、ZBのボディローションやら目移りしまくりです。玉樹の美肌ジュースとかね。パッケージに「BI・HA・DA・JUICE」だよ!? 買うでしょそりゃ！ とかさわいでいましたがお目付け役にいさめられて、なんとなく鎮火。

たしかに美容液とかパックとか買いすぎると、使いこなせなくてムダになっちゃうんだよね。それ以前に、思いつきで手にとったモノを買ってってもそれこそ化粧水が5本でクリームはない、というような偏ったドレッサーになってしまう。今自分に必要なのはなにかを見極めてから、それを吟味《ぎんみ》するのが正しいショッピング。わかっていてもできないの。ありがとうテラりんちょ。今日はいろんなことを学んだよ。

あ、でもあし指くつ下買うの忘れた。

2003.2

美人画報と歩んで
5年経過。
これが最新版・モヨコの
美とともにある「私の一日」

朝は、半分夢の中でもう一度夢の内容を確かめてみる。きれいなバラの茂みに横たわる裸の男。目の覚めるような青の空。オレンジの砂漠。チェックしたことを覚えてるうちにベッドからのそのそ抜け出して、**夢辞典**[※1]を開く。

ぼんやりしたまま鏡で顔の調子を見てから、リビングに行ってやかんを火にかける。**夫のコーヒーと自分の紅茶**[※2]をいれて、ゆっくり飲んで、その後時間のある時はエクササイズをする。エクササイズっていってもただの腹筋と背筋、腕立てとももあげを繰り返しているだけで難しいことはやらない。雑誌に載っているのをひろげながらやるのはめんどうだし結局続かないからね。30分くらい朝のテレビでも観ながらやっているとけっこう汗をかく。

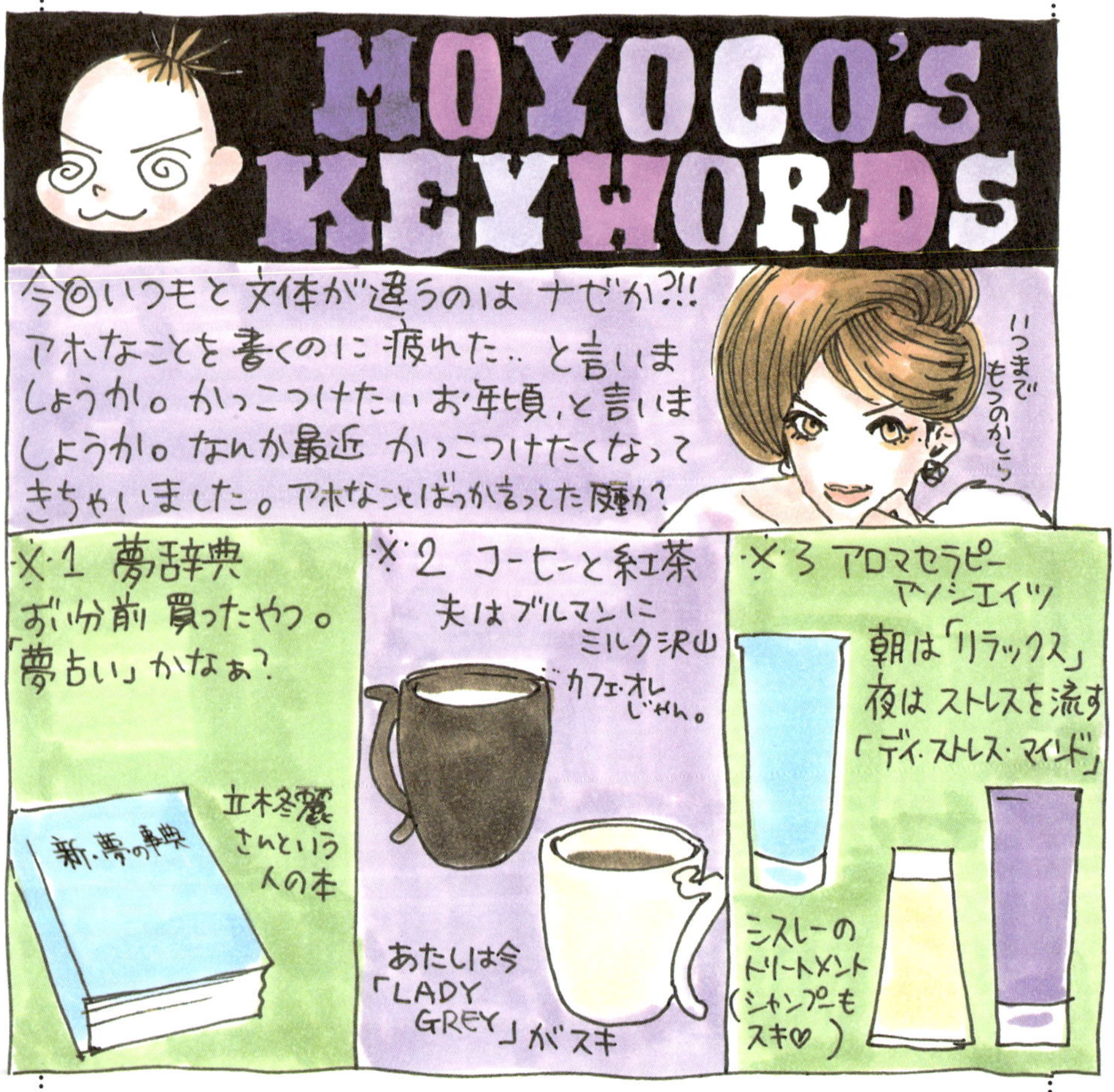

MOYOCO'S KEYWORDS
今回いつもと文体が違うのはナゼか?!!
アホなことを書くのに疲れた…と言いましょうか。かっこつけたいお年頃、と言いましょうか。なんか最近かっこつけたくなってきちゃいました。アホなことばっか言ってた反動か?
いつまでもつのかしら
※1 夢辞典
ずい分前買ったやつ。「夢占い」かなぁ?
新・夢の事典
立木冬麗さんという人の本
※2 コーヒーと紅茶
夫はブルマンにミルク沢山
カフェ・オレじゃん。
あたしは今「LADY GREY」がスキ
※3 アロマセラピーアソシエイツ
朝は「リラックス」夜はストレスを流す「デイ・ストレス・マインド」
シスレーのトリートメント(シャンプーもスキ♡)

※4 ジョンティー化粧品
「松井選手が使って美肌に!!」
という記事を読んでスグ
申し込んだミーハーの私…。
ホントにキレーになってる…て
説得力あるよね…。
松井のお肌が!!

もう一回水を飲んで、シャワーを浴びる。バスタブにつかる日もあるけど、そういう時は軽く本を読む。今読んでいるのは尊敬する画家、安野《あんの》光雅《みつまさ》さん（私のペンネームはこの方からいただいた）の『村の広場』という不思議な本。少しずつ読む本と一気

※5 すみれ色にこっている
下着も
サングラスも
ネイルも
この前買ったゆかたも
バッグも
帯締めも
アイメイクも

今読んでいるのは瀬戸内寂聴さんの『かの子撩乱』。

最近はヨーグルトをパックにしてる。
賞味期限切れのやつ。

ベース、今はポール＆ジョーを使ってます。

に読了する本があるけど、これは毎日何ページかずつゆっくり読む本。
アロマセラピー　アソシエイツ[※3]のウォッシュジェル「リラックス」で髪も体も洗う。シスレーのヘアトリートメントは地肌も髪も「キュッ」となるから好き。体をマッサージしてからトリートメントを流して出る。髪と体は別のタオルでふいて、顔にはパックをする。化粧水をしみこませる紙のパックの日もあるし、水分補給系のジェルパックの日もある。

今朝は**ジョンティー化粧品**[※4]のＧＭＡパックにした。パックしたままボディの美白ローションをぬって胸も寄せて（重要）着替える。最近下着は**すみれ色にこっている**[※5]。ネイルもすみれ色のグラデーション。ムラサキが今いちばん好きかもしれない。洋服もそんなのが多いし着物は持っているうち半分がムラサキだ。

今日は雨なので着物はよして洋服。昨日ＬＩＮＤＹで買ったスリップワンピを着ようとしてやめて、もう5年くらい前に買ったキモノ風の柄のワンピースに、エストネーションで買ったグレーのニット。最近よくはいてるＦＥＮＤＩのサンダルとＹＳＬのバッグ。メイクはベースのあとで化粧水をスプレーしてティッシュで押さえる。夏になってくるにつれ、脂浮きがひどいし。

あ、このキモノ柄ワンピ、今日も着てる。

アイラインをばっちり入れる。マスカラもばっちりやる。やっぱりランコムが好き。ディオールの練りチークでハイライトを入れてジバンシイのハイライトパウダーも入れて、光らせすぎか？　と思いながら出かける。

香水はマーク　ジェイコブス。最近いちばん好きな香り。ボトルも好き。シンプルなのに女らしく少女っぽいのにセクシーだから。そして仕事をする。仕事中はジャスミンティーとミントティー&グリーンティー。イチョウ葉エキスも飲む。チョコレートは3粒まで。でももう6粒も食べちゃった。ゴールドの缶がかわいくて買ったチョコ。

夜は（夫の承諾を得て）ホームページをつくってくれるBFと食事をする。グラスのシャンパンとちょっとのお刺身で、もう満足（しなければ……）。先月、中華食べすぎて太ったので今月はダイエット。夏までにあと4キロ減らしたいので歩いて帰る。途中でスキップや小走りも入れてみる（もちろん人がいない時）。

帰ったらメイクを落とす。その前にミューズで手を洗う。メイクは今は泡洗顔で落としている。先週は乳液で落としていた。歯を磨いて（明日は歯医者だ）、バスタブにお湯を入れる。入浴剤はオリゴメール。オイルの時もあ

私のスキなもの
マークジェイコブスの香水
YSLのストローのバッグ
ランコムのマスカラ
シェルの形のプラリネチョコレート
ガーゼの枕カバー
シャンペン
COMTES DE CHAMPAGNE
TAITTINGER
1995

る。夜は「ディ・ストレス・マインド」で体をなでるようにマッサージして、ろうそくをつけて入る。今日のことを思い出す。私はなぜあんなこと言ったんだろう。あの人はなぜあんなメールをよこしたんだろう。穏やかに眠るためには片づけとくべき問題がある。

おフロからあがったら水を飲んで、こっくりした化粧水をつけてクリームをぬって、ベッドルームでストレッチ。気持ちいいポーズしかやんなくなってるから、硬いとこは硬いかもしれない。ガーゼのシーツと枕カバーはとても気持ち良い。ベッドに入ったら「明日の朝すっきりと目が覚めますように」と神様にお祈りして目を閉じる。パジャマは濃いムラサキのTシャツとうすいムラサキのジャージー。下着はつけないことにしている。

2003.8

描き下ろし

プチ画報

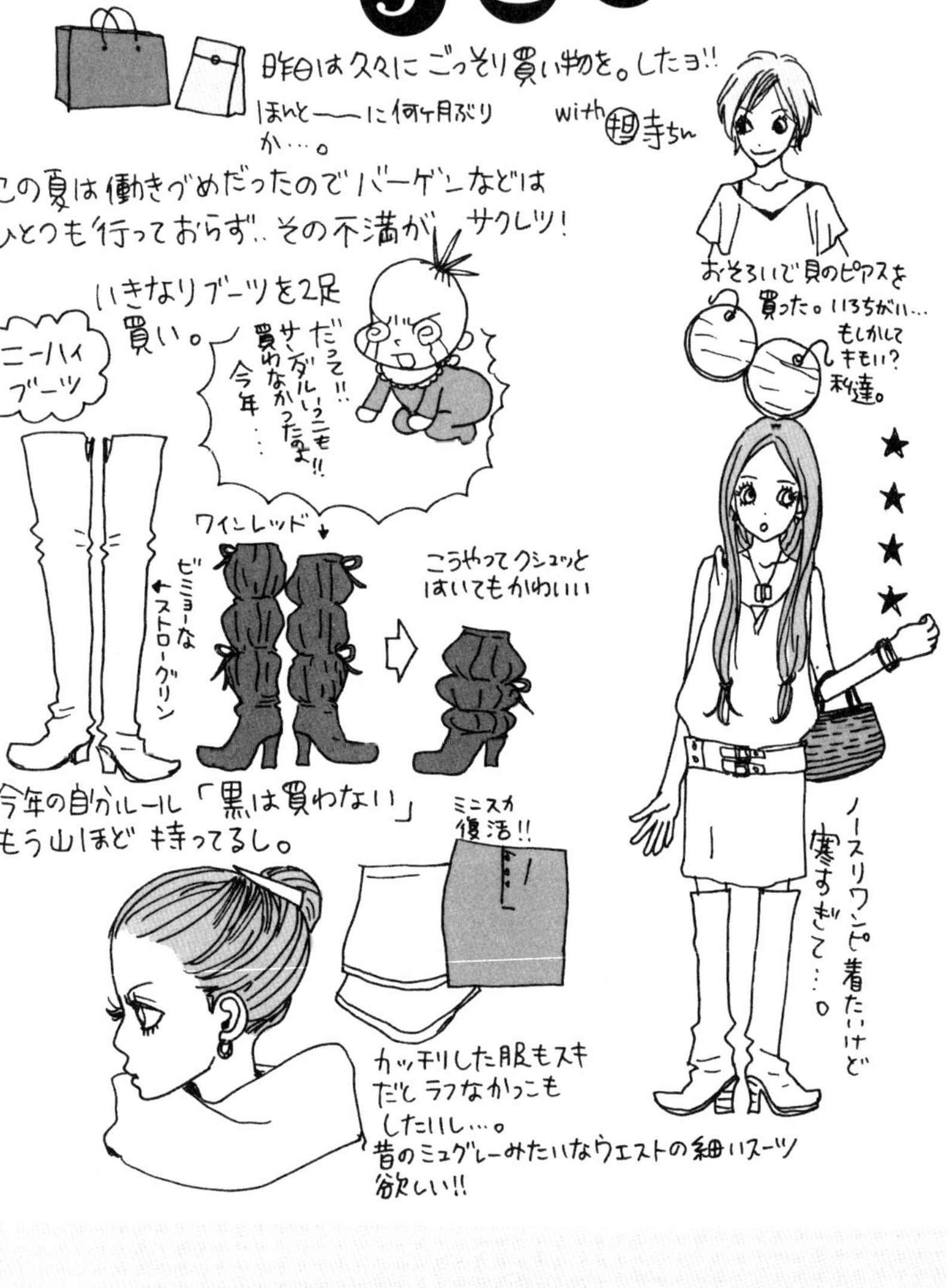
昨日は久々にごっそり買い物を。したヨ!!

ほんと――に何ヶ月ぶりか…。

with ㊐寺ちゃん
この夏は働きづめだったのでバーゲンなどはひとつも行っておらず…その不満がサクレツ!

いきなりブーツを2足買い。

ニーハイブーツ
だって!! サンダル1コも買わなかったのよ!! 今年…

ワインレッド
ビミョーなストローグリン
こうやってクシュッとはいてもかわいい
今年の自分ルール「黒は買わない」

もう山ほど持ってるし。

ミニスカ復活!!

カッチリした服もスキだしラフなかっこもしたいし…。

昔のミュグレーみたいなウエストの細いスーツ欲しい!!

おそろいで貝のピアスを買った。いろちがい…

もしかしてキモい? 私達。

ノースリワンピ着たいけど寒すぎて…。

ダイエット ＊ 健康

Fashion
Beauty

Diet
Health

Style
Life
Mental
Travel

冷やして温め、
伸ばしてもんで、ぬりまくる。
むくみレスのすっきり小顔へ、
アノ手コノ手の限りを尽くせ！

MOYOCO'S KEYWORDS
超デッカいラインストンのピアスが今
すごく気に入っていて 毎日してます。
うすいイエローで 何に合わせても
すごくカワイイ。カジュアルで耳元キラキラって
なんか新センよ♡
カラーレスのとブルーのも欲しい!!
実物大
ショートの人もカワイイかも…！

顔ってどうしてやせないの？　あと朝起きた時[※1]**1・5倍くらいデカいのはどうして!?**　スーパーカップかよ！　あと朝スッキリしてたと思っても、夕方になって鏡見たら一日分の疲労がたまってってまたしても1・5倍。なんで1・5倍もデカくなる必要があるの？　ねえなんで!?

　あとお酒飲んでよっぱらうと顔が肥大するのもなんで!?　アルコールって顔にたまるの？

今気に入っているピアスはやはり四角いクリスタル。
あとパールもよくします。

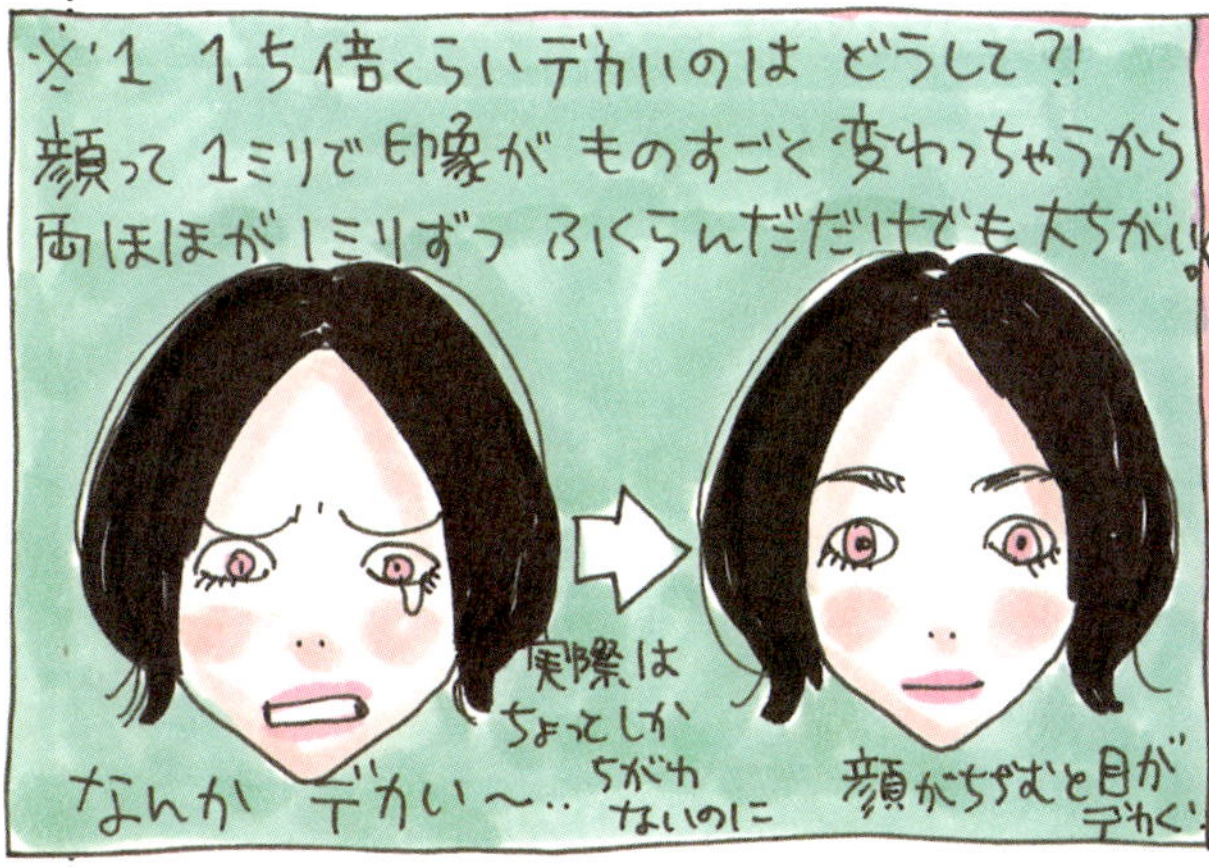
※1 1.5倍くらいデカいのは どうして?!
顔って1ミリで印象が ものすごく変わっちゃうから
両ほほが1ミリずつ ふくらんだだけでも大ちがい!
なんか デカい〜…
実際は ちょっとしか ちがわないのに
顔がちぢむと目がデカく!

※2 なぜなぜぼうや
ロンパースと同一人物ではありません。

ねえなんでー!?

顔デカ・顔やせのことになると、このように一瞬にして**なぜなぜぼうや**[※2]になってしまう私です。みなさんはどうですか。

なんか顔って、太っててもむくんでなければカワイイし、逆にやせて

※3 フルーツ酸系やら
CP系(ケミカルピーリング)
やっぱヒフがうすくなるような気がして…。
毛穴は小さくなる気がするけど。

てもむくんでいるとカワイくない！　結局むくみがすべての元凶。しかも自分を見て思うんだけど、むくむ人っていちいちむくむたびにヒフがひっぱられて伸びるから、たるむの早いんだよね。[※3]**フルーツ酸系やらCP系**をやって肌をピシッとさせた翌朝のむくみ……。この空しさときたらザルで砂をすくうがごとし。もうザルでもないね。輪！　輪で砂をすくうがごとし。

じゃあ具体的にはどうしたらよいモノか。まず思い浮かぶのがパック。コレはいろんなのがあるけど、クール系のが普通に効くのかもしれない。

なぜこんなアイマイな表現なのかといいますと、私のむくみ歴、むくみ度はかなり最高レベルなのでそんな、冷やしたぐらいでは治まんないんですよ。逆に冷やして済むなら[※4]**ガンガン冷やすと**イイと思います。お肌にも良いしね。冷蔵庫に入れておく冷パックとか氷のう、氷パッティング、水とお湯の交互の洗顔。よく考えるとたくさんある。

さて、[※5]**それでもダメな時**は私は、VALMONTというメーカーのむくみがとれるパックをして、ホントは5分のところ水をふくませた紙パックを上にのせて無理矢理時間を延長して15～20分いっときます。これをいっとくととりあえずケンカ番長のような目のハレはなんとかなる。

でもなんとかならない時もある。その次打つ手は、化粧水をパッティングしてはドライヤーのCOOLで冷やすというもの。×20ぐらい繰り返す。しかもイオンドライヤー限定です（そんな変わんないのかしら?）。けどコレはお肌的にどうなのか疑問。プロの人が聞いたら眉をひそめるかもしれません。でもね！　冷やす系でナントカしたむくみって、酒とか気温で体温が上昇すると、プチンとはじけるかのように元にもどるんすよ!!　**バー**[※6]**で化粧室**に立って鏡を見た瞬間また1・5倍を発見!!　ただちに化粧水スプレーなどで応急処置をするも修整不可能。すっかりやる気をなくしておとなしく家に帰るしかありません。そして家に着いてすることは、そう**マ**[※7]**ッサージですよ**。よっ！　努力家！

あんまりゴリゴリするとそれこそヒフには悪いのですが、頬骨の下をグリグリします。メイクを落とす時なんかホントはダメなのにグリグリします。顔やせの道と、おハダ道はビミョーにライバル関係。共存しつつも、どちらかを優先させると片方にとっては悪いこともあり。そうはいっても今は……今は顔やせ優先で!!　目のまわりも引っぱりすぎないように気をつけつつ押さえていきます。そうするとなんかちょっとスッキリ。

※4 ガンガン冷やすと‥
こーゆうやつ‥
しかし冷ぞう庫のニオイを吸ってしまうので気を付けたい‥。
うっ 生肉のカオリが‥
※5 それでもダメな時
「VALMONT」の「RENEWING PACK」
スイスのものらしいが
超効く!
VALMONT
コレも嶋田ちあきさんの通販カタログで買ったのが一番はじめ。さすがっす。

しかしここで安心してはならない……。大切なのは首のリンパ。首のココのスジが張ってると、顔の老廃物は流れなくって顔がむくむらしいです。だから首のスジをグリグリ押したり横むいて頭下げたり、とにかくいろんなことをコレでもか！とやって伸ばす。伸ばしきる！

そして、ここで初めてアレっすよ。小顔兵器たちっすよ。かつて私たちを魅了し、一人平均5個は買ったといわれる資生堂の[※8]**ロスタロットから始まる**リフティング商品たち。最近のでは、ランコムのレネルジー　コント

※6 バーで化粧室
真上からのライティングはこわい上に化粧の状態がわからないのでやめて下さい。
あと…下からもやめて…
超ブスに見えるし
ハダのアラが目立つの…
※7 マッサージですよ
ホントにあんまり強くやっちゃダメなんだよネー。
耳のつけねもたまるらしい!!
ツメが長いのでココでやる
グー
※8 ロスタロットから始まる～レネルジー～
ロスタロットが発売された当時のウチの仕事場では全員が買っていた。1人1びん!!

でもレネルジーはロスタロットみたくぬった瞬間から「キュッ」ていうのはナイの。ナイのにハッと気付くと顔ちっさいの。スゲエ。

RÉNERGIE CONTOURLIFT
※9 いつも首スジのばしてる
ココだっ
倒してるのと反対のうでをまわすとかなりキク!
肩コリしない体づくりが2002年の目標
いてて…

ゥール　リフトが超効いた。コレをぬって顔の体操して、寝る前に神様へ祈りをささげる。

「顔がむくみませんように……」

すると願いは通じたのか、朝のむくみがどんどん減ってきましたよ。まだ1・2倍くらいはむくむけど、昔よりはカナリまし。でも締め切りで首のスジをギューギューに固くして仕事しちゃうと1・5倍にもどる。

やっぱアレだ、水分とりすぎないのも大事だけど、とった水分流す道の確保も大事です。おフロでトイレで移動のタクシーで、最近は[※9]**いつも首スジ伸ばしてる**私です。原稿も首スジ伸ばしながら描けないかと研究中です。

2002.2

嫁入り秒読み！
「キレイな花ヨメ」へと
毒素も水分も過去も!!
緊急浄化大作戦のゆくえは？

突然ではありますが[※1]**来月私結婚することに**なりました。いや、それ以上はなにも聞かないでください。今回は私の結婚についてではなく、よく世でいわれるところの「嫁ヤセ」についてのレポートをしようという話なのでございます。

[※2]**ドレス屋さん**で何度となく聞く「花ヨメは式前にめきめきやせてしまってお直しは当たり前」もしくは友人の話「イトコが結婚式前にすっげえイキオイでやせて。やせただけじゃなくて、なんかただごとじゃなくキレイになってておどろいた」など。美の道においての「花ヨメ伝説」を検証できるチャンスは今!!　はたして本当にやせるのか……透明感が平常時の10倍UPというのは本当なのか。

まあ、普通に考えてみてもラブ真っただ中！という状態で

結婚式、料理がおいしかったとお客様には
喜ばれましたが私、ひとくちも食べれませんでした。
今でもものすごく未練があります。食べたかった……。

MOYOCO'S KEYWORDS
※1 来月私結婚することに…
ツイに嫁に行くことになりました。
私、本名の名字は日本で2番目に多い
名前なので、めずらしい名字になれる
ことが大変なよろこびです。
同姓同名もはいて捨てるホドいると思われる
※2 ドレス屋さん
私はギャレリアコレクションとゆうとこでレンタルです。
買った人ってあとでどーするの？
しかしこーゆうヘアスタイルといいデコルテの広いドレスといい
ヨメのすがたはやせてないとマズいことばかり…。

結局ものすごくシンプルな
シルエットのドレスに
したんだよなー。

結婚ともなれば幸せ度はイヤでも上昇して、脳内麻薬は出まくり。そりゃーキレイにもなるだろう、という考えに落ち着く。いや、落ち着いていた私。今までは！　でも実際のところどうかといえば、仕事は普通にしつつ結婚式の準備、招待状のリストアップに衣装の手配から上京する親類の宿泊予約、とやることは山のよう。締め切りが毎日続くようなストレスで発狂寸

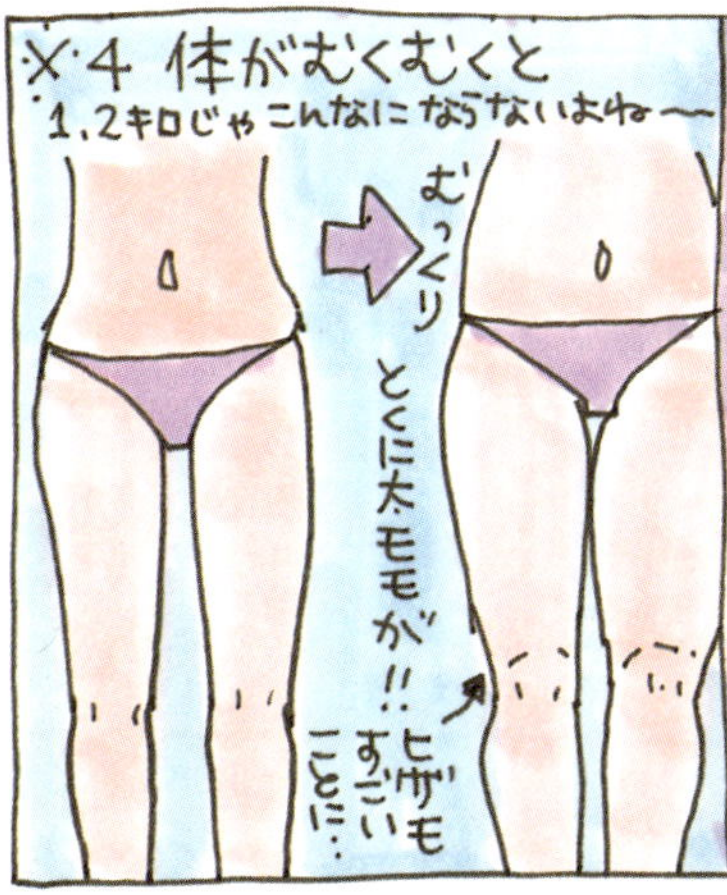

前。加えて**今月で事務所を引っ越す**※3ので、その物件探しに内装の打ち合わせ、とこれまた連日連夜予定がひしめきます。

もうね、食べないでやってられるかってハナシです。飲まないでは眠れません。そんなこんなで一ヵ月。**体がむくむくと**※4むくみ出しました。体重は1～2キロしか増えてないのに……（すでにそういうコトには反応しなくなっている）。ストレスで逆に太る人もいるって聞いたけど、それって私だったのかよ!!　助けて!!

このままではムチムチのウエディング……。しかも白って膨張色じゃん!!　大急ぎで**炭水化物ヌキ**※5……しかし。なにかと準備の一環で酒の席も多くなる。昼は炭水化物&糖分&油ヌキでストイックにキメながらも、夜のお酒でプラマイゼロ!!　ストレスだけがたまって体重は落ちないし、むくみで顔はボケてくるし……やばい！　焦りはピークに。

しかしここで奥の手が登場。それは今話題の「**ディトックス**※6」です。半年くらい前から気にはなっていたものの、なんとなく手を出さずにいたノイナーズ社の体内浄化プログラム。友人がやっていて、けっこう良いと聞いたので、さっそくトライ!!　天然の素材のみでつくられたシロップみたいのとお茶を飲んでブラシで体をこするだけ、というたって簡単なものながら、3週間で体内の毒素を排出できてしまうらしい。まだ始めたばかりだけど、心なしかダルいのは毒素が出ている証拠なのか。

体の中でリンパの流れや毒素がとどこおってると髪も肌もいまひとつくすんだ感じになっちゃうし、肩もこってるから表情も重く目も半開き。なんか疲れた印象。こんな顔で式にのぞむのは哀しすぎる!! よし、これからの一ヵ月は毒素&老廃物を徹底除去の方向で!!

ディトックスにプラスして朝晩のストレッチ&入浴。おフロでは湯舟でオイルマッサージ。[※7]**足のリンパマッサージ**をして、体内の毒&水を排出しやすいようにします。太ももの内側・外側もていねいにやってから、洗い場にてマッサージソルトでもう一回。首もコリコリだからほぐして……ってなんでボキの首はいつもこんなに固いのか! ダイヤ並み。

いくらおフロでほぐしてもキリがないので、仕事中にいつも「体内のリンパの流れが良い」とか「今、首がリラックスしてる」とか考えることにしてみました。するとビックリするほど首に力を入れて仕事していたことが判明。しかも「今すぐごく首や肩の血流が良くてコリがとれていく……」とか自己暗

やっぱコレとかファスティングとかって何日か休みながら
リラックスしてやりたいよね。
仕事しながらは厳しーよ。ホント。

※6 ノイナーズ社ディトックス・プログラム
◁この液をスプーン1杯朝晩飲んで、お茶を2種類飲むだけ!!

Detox
リンゴ、エンドウマメ、タマリンド、etc 自然の素材だけで出来ている。

味はドロッとしてるけどマズくないよ。お茶はハーバル・ディトックスティーとマテ・ティー。あとはボディ・ブラシで乾いた体をマッサージするのだ!!

乾布まさつ?

コレもみんなの弱い「ダイアナ妃もやっていた!!」だ…

ダイアなひ…
※7 足のリンパマッサージ
うちもも
首
モモはラでで押してぐいぐいと流す!!
イテテ…
耳の下からさこつに流す!!
大スキなエステにて教えてもらったテクニック
※8 あせって本気でダイエットサプリメント買いまくり。
ディトックス中は飲まない方がいいらしいので休んでますが…。
DHCのサプリのカタログをなめるよーに読んでます。
全部必要な気になるんだけど?!
セラシーン
メリロート
ギムネマ

示をかけることによって、まったくコリの度合いが変化することを発見したのです!!　みなさんもぜひ試してください。「血がサラサラ」とかでもいいかも。

やっぱ自己暗示じゃん!　花ヨメもあれだよ、きっと「結婚前はやせる」って思うからやせるんだよ。もしくは、やせないじゃん!!って[※8]**あせって本気でダイエット**とかするから、どっちにしてもやせるんだよ。そして身体のみならず、過去のさまざまな悪事も浄化プログラムで流して流して!!　排出して!!　キレーなカラダになってヨメに行く、というわけでございます。めでたしめでたし。

2002.5

美に痛みはつきものなのか？ 痛みの先には、「いきなり小顔」が待っていた

去年の夏ごろ[※1]（2001年）、私はスランプにおちいっていました。漫画はもちろんのことながら美容のスランプにおちいっていました。やせた瞬間というのはそれまでがデブなだけにものすごくキレイになった気がして（実際、比較の問題だからね）満足します。その上に着れる服も変化するので、メイクも変わる。自信が出るので表情もイキイキ。

いろんな相乗効果によって美人度が上昇するのです。しかし今までの大問題が撤去されると、その下に隠されていた中問題が浮上するもの。

私の場合は「**やせてもやせても**[※2]二重アゴ」という寝汗をビッショリかきそうな悪夢な現実。そのほかにも「やせてもやせても太い足ハイパー」とか「ほかは細くなんないのに胸だ

今もだよ。

けはどんどんやせる」などの悪夢がありました。ふくらハギの肉をズリズリと持ち上げて（お菓子づくりなどに使うあの**ゴムべら**[※3]などで）胸まで持ってこれないものか……。しかも骨格から細く……。などの夢想にひたる日々。現実逃避です。だってやせる以外にどうすればイイの？　そしてもうやせたし。あきらめるしかないのか二重アゴ。もちろん**いろんな器具やマッサージ**[※4]もしました。長くやらなきゃ意味ないのかもと思いつつ、効果が出ないのでテンション下がって続かない。

しかしここで、すべてをやって行き詰まったところで、救いの神は現れるものなのです!!　とある水曜日。私は、広告を見て直感で予約を入れたとあるサロンへと向かいました。

初めて行くサロンは少し緊張するものです。しかしドアを開けた瞬間、緊張するよりも先に**その人の美しさに**[※5]すっかり魅了されたのでした。なんとも説明のつかない美しさ、というか光、というか。こんな人に施術してもらったら絶対にキレイになれる！　だってその人はキレイになる方法を知ってる人だから。そして私の直感は的中したのです。

まず受けたのは、このサロンでは「レリーフィング」というテクニックを

もとが丸いだけに他人からは
まったく同意の得られない主張。

MOYOCO'S KEYWORDS
※1 去年の夏ごろ‥ ちょうどNY取材の時
そんなに大差ない、と人には言われるけど
自分ではいろんなとこがナットクいかない!!
ということありますよね。それ。
カオが丸くなったの
…
そんなにかわってないよ
※2 やせてもやせてもシリーズ続編
にのうでとか!!
ふとももとか!
ガシッ
※3 ゴムべらで‥
よいしょと
ぐい

早くこういうの
開発されないかなあ。

使う、という説明でした。簡単にいうと[※6]**筋肉のコリをほぐして**、肉だけでなく骨までも「動かせる」というものらしい。

「マジで?」いきなり素にもどる私です。だってそれって夢じゃん!! アロマオイルの香り漂う落ち着いた部屋で、これからなにが起きるのでしょうか。美しいサロンオーナー兼施術者さんは、優雅なしぐさで私の足やら腰やらを触って、コリの度合いをはかっている様子。しかしそんな軽いタッチですらも心地よく、体がほぐれます。とにかく顔が縮むという話に期待で胸がハチキレそう。

しかし。顔をマッサージしていくにつれ、その期待は悲鳴に変わりました。「痛い!!」またしても美につきものの痛みなのか? [※7]**目の上や小鼻の上**を押した時は、この世のものとも思えない痛みに足をバタつかせる始末。ビチビチと魚がハネるさまに酷似。

なんでこんなに痛いんすか!? 「顔の筋肉はどんな人でもコリがあって、そこが流れてゆかないと老廃物がたまってしまうのです」じゃ……じゃあ私のこの二重アゴはまさか……!! 「むくみや肌アレ、吹き出物も、それを流せばスッキリしますよ」うぎゃ――――。喜びの悲鳴ではなかった。そ

※4 いろんな器具やマッサージ
わしわし
ニーゆう口にハメて1.2分体そうするやつとか…。
伸縮する
顔が疲れて効きそうだったけど。
あ
い
う
え
大きく口を開けて発声練習、ホッペをふくらませたりの顔の体そう。マッサージも
あんまり力を入れるとシワのもとになると思ってやさしくしてた

れは激痛による断末魔の叫びだった……。耳の下!! アゴのつけ根!! 私は一度死んだ……。

アゴのつけ根のツボがつまっていると顔の老廃物は出口を失い、顔にとどまり続けることになる。逆にそれさえとってしまえば流れるという話。そして、激痛を訴えても「そうですよね」とほほえんで決して手をゆるめない美しきオーナー……。ステキ……。

※5 その人の美しさに…
ピカーっとしてるのだ。
いろんな葛藤を自分で考えて消化した人だけが持つ深みのある美しさ。
持って生まれた造形とか若さだけではなかなかたどりつけないところです。
あこがれる
年令不詳

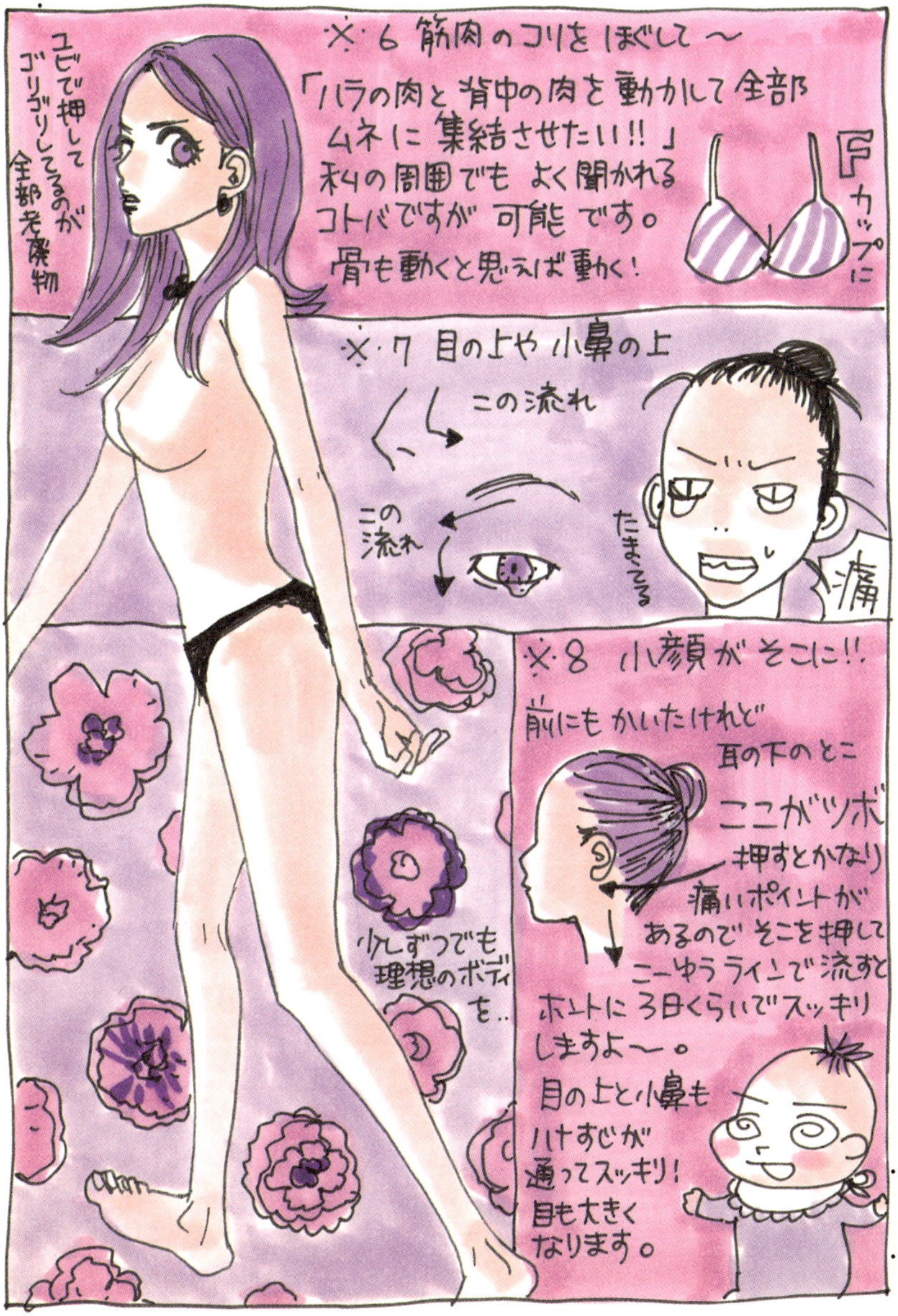
※6 筋肉のコリをほぐして〜
「ハラの肉と背中の肉を動かして全部ムネに集結させたい!!」

私の周囲でもよく聞かれるコトバですが可能です。

骨も動くと思えば動く!

Fカップに
ユビで押してゴリゴリしてるのが全部老廃物
※7 目の上や小鼻の上
この流れ
この流れ
たまってる
痛
※8 小顔がそこに!!
前にもかいたけれど
耳の下のとこ
ここがツボ
押すとかなり痛いポイントがあるのでそこを押してこーゆうラインで流すと
ホントに3日くらいでスッキリしますよ〜。
目の上と小鼻も
ハナすじが通ってスッキリ!
目も大きくなります。
少しずつでも理想のボディを…

しかし、次の日の顔を見て私は本当に驚きました。今までに試したすべての顔ヤセをはるかに引き離すイキオイの**小顔がそこに!!**[※8] 私ってこういう顔してたのか……。それを機に通いつめることになったのはいうまでもなく、ボディのケアもお願いして今日に至るという感じです。このサロンのすばらしいところは、体のコリと同時に心のコリもとってもらえて、気持ち自体が美に向かって動き出す、というところ。

美しくなりたかったら顔も、そしていちばん大切なのは精神的な姿勢が美しいサロンと施術者の方をみつけることだ、と痛感。そして美にはやっぱり痛みがつきものだということも痛感。しかし痛感の後には快感が待っているのも痛感。しつこいね。ごめん。

2002.6

ダイエットにも飽き果てた……その時、出会った〝カレー〟で再び漢方薬の門を叩く！

飽きっぽい[※1]性格で困っています。すぐに飽きちゃうのね。仕事してても15分くらいで飽きちゃってメール書いて、それにも飽きてマンガ部屋行ってマンガ読もうとしても本棚のマンガも全部飽きてんの（何度も読むからだけど）。

人生相談のような冒頭でなにを言いたいかと申しますと、**ダイエットとかも**[※2]もう飽き飽きした!! 食べる物制限とかさー、なにとなにを食べると燃えるとかさー……正直もう泣いてあやまるほど飽きてるわけよ。もっとこうなにか、まったく違うアプローチはないの!?ってことが言いたいわけよ。

そんであったのよ!! テレビで観たそれはズバリ「**やせるカレー**」[※3]。どう？ このすごい名前。カレーのくせにやせるんだよ？ 夢みたいじゃん！ カレー大スキ!! でも太るかもうさー、「こういうこと言ってるほうがおかしいよ」
とかいう世の中になったらどうしよう。まだ大丈夫だよね？

MOYOCO'S KEYWORDS
この前久々に電車乗ったら人が沢山通る
カイダン下(at 恵比寿駅)に、おしゃれした
若者7、8人がたまって立ち話&大笑い。
みんなカワイイ娘さん達ではあったが
ぶっ殺そうかと思いました。
メキャ
いそいでなきゃ文句言うのに…
↑本気
いくらめかしても
それじゃーダメだ、オメーら。
大人計画みにいく途中
こうしてババーになっていくのか？

らいつもガマンしてたあのカレーっすよ。それ毎日食べて一週間で4～5キロやせてる人がテレビの中にはいたですよ。即ネット検索です。レシピを発見！　ナニ？　スパイスのほかに漢方の生薬が必要？　オラ！　漢方で検索!!

……こうして私は恵比寿の「**幸福薬局**」[※4]へたどりついた。が、一週間の予約待ち……すごい人気だわ……みんなカレーっくろうって魂胆ね!!　負けるもんか！

一週間後、仙人ぽい感じすら漂うその薬局で、整然と並んだ生薬のビンと仙人

※3 やせるカレー
もともとスパイスが沢山入っていて体に良いものらしいけど…
ルーを入れるとどうしてもバターと小麦粉で…カロリーが！
チョコに似てるし…。
そのテレビでは他に「美肌カレー」つうのも紹介していましたよ。
でもマボロシのスパイスが必要だから作れねーっつーの。

マボロシのスパイス、水スペみたいに
山奥に採りに行くの。インドの。
日本じゃ手に入らないとこがポイント。

ブックスダイエット、楽しかった。
でも一時的に太る場合もあって、それが耐えられなくて中断。
続けてれば効果あったかも。考え方としては一番ナットクした。

※1 飽きっぽい
最近飽きたもの。
アーモンドチョコを1日3箱ぐらい食べ続けたら…
あきました。
あたり前だ
もー いらん…
※2 ダイエットとかも…
それでも続いてるもの
水を1日2ℓと
水
1日 2リットル
最近は
B..ブックスダイエット?
1日1食スキなもの食べるってヤツ…。
これもユメ?
※4 幸福薬局
机の上に「VOCE」の名刺を発見した!! 案の定 やつらの手が伸びていたのだ…。
あ、こんど そこで連載するんです
やはりー…
※5 診察していただき
皮フの乾そうとむくみ… それは相互関係にあった!!
本来なら表面に配給されるべき水分が、体内にとどこおっている状態にあるんだって。
私の場合はすい臓が弱っているので、そこを助ける薬を出してもらった。

チックな先生を前にした私はキチンと**診察していただき**[※5]、お薬を処方されていた。いまさら「カレーが……」などと間抜けなことは言えない。ぐらいキチンとしていた。帰り道、私は思った。「ちゃんと生薬を煎じて飲んだほうが効くし……かえって良かったかも」しかし少しがっかりもしていた。

「やせるカレー……」つぶやいてみる。体さえスッキリすれば別にそれでいいんだけど……でも前も煎じるやつ……途中で飲むのやめちゃったし……そういう根性もなく甘ったれた気持ちで漢方を使おうとするのは間違ってるのか？　許されるのはキチンと煎じることができる大人だけなの？　カレーはダメなの？

涙で前が見えなくなったころ、私の目に「漢方」というカンバンが!!　その下にはなぜかミラーボールが!!　そして店の前には台があり、卵が売られているのはいいけど、なに!?　そのラジカセから流れるニワトリの声!!　そしてものすごーく気軽に売られる生薬たち。「薬膳カレーセット」もホコリをかぶって売られてるヨ!!　やったーみつけた〜。いいかげんな**漢方薬屋**[※6]!!

カレーセットを手に中に入ろうとすると店主の趣味らしき「電車のビデオ」放映中!!　やった〜なんでも買える、ここならなんでも買えちゃうヨ!!　うれしさのあまり必要のないでっかいウコンの袋を手にしたり、ニコニコしながらうろたえる私。

「田七人参？　あるよっ。高いやつ？　安いやつ？」「カレーに入れるんで……」「あ！　カレーね、じゃー安いのっ何グラム？」まさに商店街の会話。しかも会計中に私の目をうばうモノがもう一つ……。「純米酢」と書かれたデカいビン。なぜに酢？　しかもこのデカさは……。「おフロに入れるとお肌スベスベ3日で18歳!!」動きの止まった私の心を読んだかのように店主のあざといセールストークがスパーク。

こうして私はカレー用生薬4種とともに、おフロ用のお酢を手にして帰途についたのであった。カレーが煮える間はおフロで酢につかる……ってクサくない？と心配していたけど、おフロ用だけあって気にならない程度だし、コップごと沈めるという手法をオヤジに習ったので、フロ場全体お酢くさい、というようなことにもなりません。しかもすごくあったまって老廃物が流れていく感じ。ウウ～ン、ス・テ・キ♡

そして肝心のカレーは最初、ハッキリいって体にいいとしか思えない味でしたが、トマトペーストをレシピの3倍ホド投入したらアーラ不思議、カフ

ホントにこの店はオモロい。
大スキです。

※6 エビスの漢方薬屋
恵比寿駅西口から出てこま沢通りの
商店街（三井住友銀行側）沿いに
ありますが、くれぐれも店主に
「いいかげんな」とか私がVOCEに
書いていたなんて言わないでよ!!
ナイショですよ!! 入って左手に酢が
あります。
¥1800
ナリ
純米酢
じゃぼー
こーやって上から
入れると酢の
ニオイが出やすい
からダメ
ゴボボ
コップごと湯に沈める
と、いい。ホントだよ!
やせるカレーのレシピ（約10皿分）
・玉ねぎ 大2コ・サラダ油50cc ・にんにく20g
・しょうが20g・トマト 150g ・トマトペースト大さじ1
・緑豆120g・ひよこまめ80g・キドニービーンズ80g
・ヨーグルト50g ・カシューナッツ30g・水1000〜1500cc
・クコ大さじ1 （ひよこまめとキドニーは → ゆでておく!）
a
・ウイキョウ 小さじ2
・ローリエ 4枚
・クローブ 5コ
・クミン 小さじ1
・カルダモン 2コ
・シナモン 4センチ
b
・クミン大さじ2
・コリアンダー大さじ2
・カレー粉大さじ3
・塩小さじ2〜3
生薬 田七人参、サンザシ、麻黄、陳皮、甘草 etc
c
・ブロッコリー80g
・カリフラワー80g
・パプリカ1/2コ
・絹さや ・シメジ
① ナベにaを入れて弱火でいため
② 香りがしてきたらスライス玉ねぎを入れいためる
③ ニンニク、しょうが、ミキサーにかけたトマト、緑豆、水を加えてふっとうさせる
④ b、ヨーグルト、ペースト状にしたカシューナッツを加えて緑豆がやわらかくなるまで30〜40分煮たらひよこまめ、キドニービーンズを加えて味をととのえる
⑤ cの野菜をいためて水を少々塩を加えてむし煮にする。 ゴハンと共にカレーをかけたらできあがり。（まずい）
☆トマトペーストとカシューナッツとヨーグルトを納得するまで入れよう

ェで食べる豆カレーぐらいに変身!!

ファンケルの発芽玄米を入れたゴハンでこれでもか!!っつーくらいのヘルシーカレーができあがりました。

食べるとコレがまた、体の中が確実に燃えている感じでやせる期待も燃え上がるバカリ。おいしいのでたくさん食べました。次の日も……その次の日もおいしかったです。どんどんおいしくなっていき……。食べすぎたらやっぱりやせないんです!! だからやっぱり漢方は飲もうと思います。でも一日一食あのカレーで適量守ったらやせるかも……。もう一回チャレンジしようかな。カレーは飽きないんだよねー。

2002.8

負けて勝って、また負けて……。オンナの大敵・食欲との戦いは生涯続くのか!?

みなさん、お久しぶりです。3ヵ月間じっくり休ませていただいた。そして……太らせていただいた!! ギャー!! 先日出た、Dr.コパの本の対談……女ずもうの力士のような丸々とした私の顔!! 見た? 見てしまった? 見てない人は見なくていい!! 見た人は二度と思い出すな!! あれは休み入ってすぐくらいだと思うのですがすでにあの状態。やっぱり人間、休むと太るのでしょうか。でも仕事してても太るヨ?

[※1]**結局なにしても**太る体質なのか……。

休みの間の私は普段のストイックな生活の反動で、限りなく自堕落な生活に邁進《まいしん》していました。自動的に、というよりも積極的に自堕落!!ぐらいのだらしなさ。毎日おかし食べ放題。お酒も飲み放題。[※2]**スパゲティゆで放題**。もうなんでもアリ!!　そしてなんにもナシ!!　人にもほとんど会わないし電話も出ない。たまに旦那と出かけても渋谷西武でスウェットを買う。という**徹底しただらしない暮らし**[※3]を送らせていただきました。

そうすると体も[※4]環境に順応してか、必要以上にリラックスし始めて……本当に太りました!!　はっきりいって3〜4キロ太ってしまいました!!　今までの努力はすべて水泡に帰したのです。

で、途中で何度かはさすがにやばいなーと思って一日ぐらいダイエットするんだけど、一回全体的にタガがはずれてしまっているのでもうどうにもならないの。かえって次の日リバウンドで食べすぎてしまうのね。

そしてうなぎやとんかつ、カレーやラーメンなど、**デブ直結食**[※5]がまたおいしくて!!　こんなにおいしいものをガマンしてなにが人生か！　そんなの本当に幸せなのか？　ヘタするといつ食糧難になるかわからないのに……望めばなんでも食べられるこの時代に1キロ2キロを気にして**このギョウザ**[※6]、このしゃぶしゃぶ、この北京ダックをガマンして、後悔しないのか!?　後悔先に立たず!!　本当の食糧難が来たらお金出したって食べ物ないんだよ？　その時……夜空に浮かぶよ？　昔「ダイエットだもん!!」とか言って残したカ

つうかひきこもりなのかな。

※3 徹底しただらしない暮らし
ねまきのまま外出!!
もしかして…
アレ…？おきてから着がえてない…
新宿（バーニーズにまで行った）
毎日のよーによっぱらってソファで寝る。もちろんメイクしたままだ

ルボナーラとかチョコケーキとか。そしたらたぶん泣くね。大粒の涙をぼろぼろこぼして。「なにがダイエットだ～～……」叫ぼうにも声出ないよ、おなか空いてるから。そうなってからじゃ遅い!!　今食べねば!!　ラーメンもう一丁!!

以上が私が「食べるか否か」で悩んでいる０・１秒くらいに頭の中で繰り広げられる理論の概要です。人間食べるためならいかようにも自分の納得する理屈をつくりあげられるってことですね。もっ

MOYOCO'S KEYWORDS
お休みの間 大流行したものベスト3!!
1 自転車 しかもロードバイク
なれないので何度も転んでやっと乗れるように。
2 オリゴメールの入浴剤(海そうの方)
フツーのオリゴじゃ汗もかかない私ですが、コレだと大量発汗です
3 ボビイ・ブラウンのバーム(メイクおとし)
発売以来愛用中!! 香りが大スキ。
まちがって食べたらおいしかった

今、ダイエット中の人、ごめんなさい。このページはとばしてください。

たいない、とか今食べないとカゼひく、とかね。

そんでもって私がどのようにこの理屈に打ち克ったか、といいますと「目先の後悔」のほうが自分にとって大きなストレスであるという理屈を脳に送り込んだのです。病的な肥満じゃなかったりすると、2〜3キロやせたいといっても結局それは美容の問題で、周りの人は必ず「えー、それ以上やせる必要ナイよー」と言うし（これはもっともな反応。自分も他人が言ってたら同じことを言うでしょう）、自分でもそこまで切実じゃないような気もする。食事の誘い断ってまで……とか思う。でも毎日毎日自分の足が太いなー……って思って鏡の前に立つのは実はものすごくストレス。そのうちに「太い」ってこと自体、言語として意識はしなくなるけど、ココロの中で無意識に自分をけなしていくようになる。

この無意識が怖い。[※7]**自分でも気づかないウチに**元気がなくなって[※8]**やる気もなくなっている**人は、これが原因かもしれなくてよ!! っていうか私がそうだったんだけど!! なんかおしゃれも化粧もやる気なくて、本当にどんどんぬぼ———っとした人に変化していったのは、最初に少し太ってパンツがキツくなったのが原因。たぶん。それでもまだ平気、と思ってたら入るんだけ

※6 このギョウザ…肉のキライな旦那のために肉ヌキぎょうざを考案!!
材料 トウフ（綿）1丁
ニンニク 4カケ以上
ニラ 沢山
ハクサイ 3～4枚
ゴマ油 大2
塩コショウ適当
鳥ガラスープの素 大1～2
ギョウザの皮
①トウフは布で包んで重しをし水ヌキ
②ニンニク、ニラは みじん切り
③ハクサイも あらみじん→塩をかけて しぼる
④トウフにニンニク、ハクサイ、ごま油、塩コショウ スープの素を入れてまぜる。ニラは最後
⑤包む（皮も作れれば尚よし！）
⑥焼く時 小麦粉とカタクリをといた水をかけてパリパリさせる
うまいっスよ
※7 自分でも気づかないウチに
デブ!!
デデブブ!
誰に言われなくとも自分が一番言ってたりして。
おやめなさい
※8 やる気もなくなる
私の場合 2～3キロ オーバーすると男っぽくなって、声も太くなる（ような気がする）
やせると精神的なモノもあると思うけど 女らしく、美しくなろうとより強く思う。
やっぱり女らしい格好がスキ!!
今のはやりよりちょいダサめぐらいの。
セクシーさとかわいさに重点をおいたスタイルが私の基本です。
ヴィクトリアズシークレットみたいなヤツ
ちょいダサ!!

どシルエットがもたつきだして……ってこんなことでと思うけど、初めは小さな雪玉がころがっていくウチに雪崩《なだれ》になっていくんです！

まあ、でもキツくやりすぎてもそれはそれでストレスだし、今回の私のように日ごろのガマンが爆発して崩壊してしまうのも問題かも。でも好き放題したのがかえってスッキリして今は体重も元にもどりつつあります。もちろんダイエットしてるんだけどね!!

4キロ太ってダイエットで落とす。3ヵ月はそんなお休みでしたとさ。

2003.1

小顔への道に新たな福音。
それは超ニガテな歯医者さんがもたらした！

ハーイ歯医者がとても苦手な人ー。わー全員かあ。もちろん私も全国の歯医者嫌い仲間の中では上位ランキングまちがいナシです。虫歯が痛いのに耐えかねて重い腰をあげたはずなのに足は薬局の**痛み止め**[※1]売り場へ……ということもままありました。あと、女としてどうかと思うのですが、**煙草を吸ってワイン**[※2]を飲みまくっていたころ（今は吸いません）つきあっていた男性に歯の**ホワイトニング**[※3]をしろ！と言われるという最悪の経験もありました。

　ちゃんと磨いているつもりでも汚れるのが歯、そして磨きすぎてもいけないのが歯。いろいろ大変すぎて、自分の中で歯に関することをすべて閉じて暮らす始末です。ホワイトニングも調べるとこまでやったものの、今まで見ないフリをし

HOYOCO'S KEYWORDS
テーマとは関係ないけど 上海で
金魚モチーフの 落款を作ったりして
金魚づいている私。もともと
スキなんだけど。たん生日に
金魚本もらって更に。
岡本かの子も スキなだけに。
印
金魚の金魚バチ
※1 痛み止め
あたくしは リングルアイビー
つうのを愛用してます。
みどりの
カプセル
（キレイ）
頭痛の
ときも…
リングル
アイビー
※2 煙草にワイン
♫スーティーン
高校生のころは
「セッチマ」
で
みがいた。
そんなに
黄色く
ならな
かった

金魚は今もってブーム中。
本物を飼うかどうかで悩んでるけど……。

※3 ホワイトニング
結局 表面の汚れとかデコボコをけずるっちゃーかとかすらしいので
白くなってもしばらくたてばまた黄色
それでまたとかして…のくり返し。
歯が小さくなってゆくのでは…

ていた虫歯を発見されたら嫌だという理由でやめた。そんな、美人完全失格の私です。失格してもいいから歯医者には行きたくない。

原稿用紙一枚費やしてどれだけ歯医者へ行きたくなかったか、を表現してみましたが、去年ついに親知らずのビッグウェーブが私をおそいました。その痛さは**大スキなお酒**[※4]（ヴーヴクリコ）すら二口三口しか飲めないという激しさで、さすがの私も

※4 大スキなお酒
最近はショウコウシュにこっている。甘い梅を入れて飲む。
アシスタントナナコちゃんの中華街みやげ
ショウコウシュのびんて全部カワイイの。

※5 マイクロウェーブ
…って名前だったかなー…？
ビクンッ
ビクンッ
←パッドをほっぺと首に付けて電気を流すやつ
カオがけいれんしておもしろい

歯医者へ行かざるをえなかったのであります。そんでおそろしいことは重なるもので、その歯医者さんで私は予想どおり大量の虫歯を発見されてしまったのであります。そっと見守っていこうと思っていた虫歯たちはこうして白日のもとにさらされ、私の歯医者ライフが久々に復活しました。しかも「ガク関節症」というオマケつき……。

しかし、実はコレがいちばんのネックだったことがあとから判明。とにかく初めは親知らずを抜くのかと思ったら、顔の筋肉に**マイクロウェーブ**[※5]をかけるというコースになった。なぜに？　なんかまた私、踊らされてませんか美容に。しかし、それをかけると大口を開ける時のアゴの「カクッ」というのが軽くなるのは確か。肝心の親知らずのほうは抗生物質で炎症を止めてるから痛くはなくなったけど、こんなことやってる場合なんすか？

ところで私の行った歯医者さんはとても説明好き。今までの歯医者ではなんのためのどんな治療を受けてるのかよくわからないまま口の中をドリルでほられ放題になっていましたが、今回は違う。ちゃんと説明してくださった。歯の治療をしようにも口が開かない。まずそれを治してから虫歯と親知らずを治療および抜いてかみ合わせを調整する。というじゃありませんか。

かみ合わせ[※6]といえば、肩コリや腰痛にも深く関わっているアレですか。テレビで観たことあったけど、スポーツ選手とか歯をくいしばる界の人にしか切実じゃないと思っていた私。

しかし!! 小顔にも関わっていると聞いて目を見開きました。かみ合わせが悪いとアゴがずれ、**アゴがずれれば**[※7]当然顔もずれ、ずれたところに肉がついてたるんでしまう。もしかしてそれ、私のことでしょうか? かなり切実。レントゲン写真によると私のアゴの関節は、クッションのような役割の軟骨がみごとにスリ切れ左右がまったく異なる高さ。

ぱっと見でわかる[※8]左のほっぺのふくらみは自分でも気になっていました。これ、ビスケットじゃないから! おやつ盗み食いなんてしてないから! 顔ヤセしても消えないふくらみの謎はここにあったのです。しかもここ何年かどんどんひどくなる肩と首のコリ。これの原因もこの左右がいちじるしく違うアゴと、奥歯のムシ歯にあったのです。

今まで小顔の道を探求してきたくせに、どうして歯のことを考えてなかったのか……。それは冒頭でも書いたように、歯医者がこわくて自分の中から「虫歯の現実と将来」を消してたから!! そう、そして私は、奥歯上下と

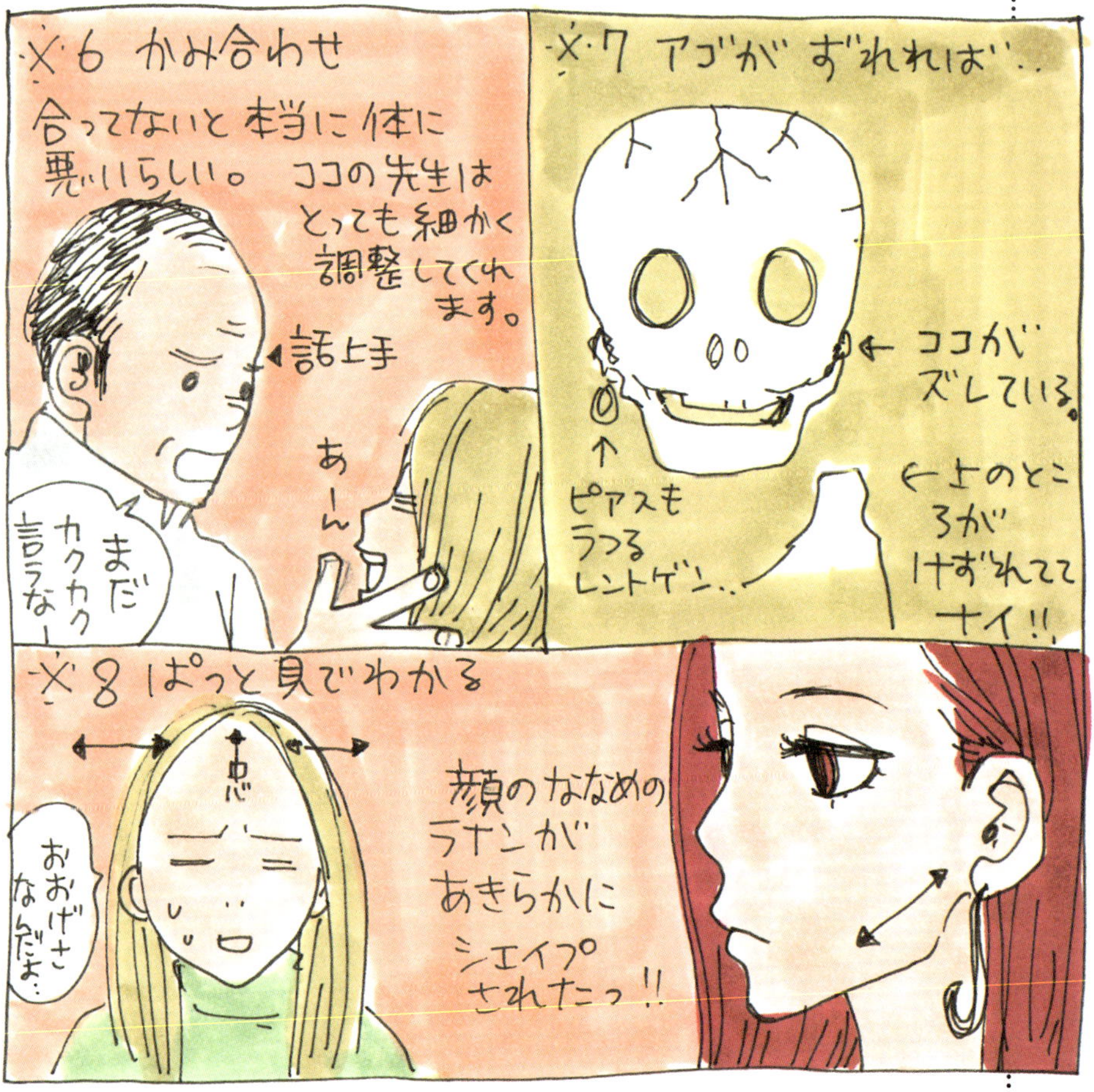
※6 かみ合わせ
合ってないと本当に体に悪いらしい。ココの先生はとっても細かく調整してくれます。
話上手
まだカクカク言うなー
あーん
※7 アゴがずれれば…
ココがズレている。
ピアスもうつるレントゲン…
←上のところがけずれててナイ!!
※8 ぱっと見でわかる
中心
おおげさならだよ…
顔のななめのラインがあきらかにシェイプされたっ!!

も左4本右4本ずつイッキに治して、例の親知らずも抜歯。

　本当にほっぺをけずったように顔が小さくなりましたよ。まーびっくりするほど変わってしまいました。かみ合わせがここまで顔に影響するなんて……。でもお年寄りとか入れ歯で顔ものすごく変わるもんね。しかし偶然とはいえタウンページで探して事務所に近いからという理由のみで行った歯医者さんが大当たりだったのは、もしかして**抜かれてったアイツ**[※9]のお導きかもしれないなー。ありがとう、親知らず!!　今度生まれて来る時は大臼歯に生まれてこいよー。

2003.6

※9 抜かれてったアイツ
に限ってムシ歯になってなかった…。
ピカ
生えようとしてハグキをつきやぶったところがえんしょうをおこした。
コマが余った…今欲しいティーセット
ので
ちょうちょ
ちょうちょ
ちょうちょ
欲しいけど…ものすごくすぐ割れそうで。
とび出したところにうすーいちょうちょのモチーフ…。

このティーセット。
結局やめた。でも買えばよかった!!
しない後悔よりする後悔を今後は選ぼう。

Diet * Health

描き下ろし

プチ画報

今回書いてありましたが、1度ドーンと
体重が増えてしまいました。

やばい
4~5キロ増量中

食事制限も
きき目ナシ…。
原因はストレスなので精神的に
乗りこえるしかナイ!!

瞑想と呼吸法です。
もー それしかありません。
いろんなやり方があるけれど
私は おなかのあたりに
丸い光の ボールがあって
輝いている イメージをうかべて。

ゆっくり吸って ゆっくり吐く
腹式呼吸を 20分くらいやる。
↑長くて。短い時は1分
これやるようになってから
「着る服で迷う」ということが
なくなりました。 ナゼ?

食事では今
「低糖質ダイエット」を
やりはじめました。

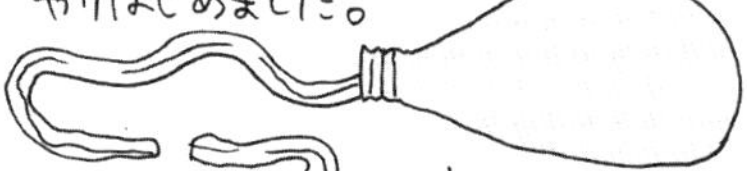

マヨネーズ可の
「炭水化物ヌキダイエット」
みたいなカンジ。
油分をとれるので
ちょっとラク。

久々にツナを食べてます。

フィッシュ

アーリーレッドのスライスと レモンとツナ♡
おいしいです。

マヨラーに
なりそうで
こわいよ~

スタイル ＊ ライフ ＊ メンタル

Style
Life
Mental

Fashion
Beauty
Diet
Health
Travel

美容法もダイエットも化粧品も効果なし!なぜなの?美のスランプに必要なのは、この言葉だった

エイジレス。最近よく聞く。「兄貴!!」「誰だ?」「エイジれす!!」みたいな……。「みたいな」じゃねえよな。だいたい30歳にもなって「みたいな」とか言っててはダメなんです!!

というか30歳だからそういうビミョーに古い言いまわしをいまだに使ってしまうのではないだろうか。気をつけたいものです。

そう……おそろしいことに私ももう**みそじ**[※1]なの。ちょっとビックリ。「エイジレス特集」みたいなのがあると思わず熟読している

の。そんな自分にもビックリ。**ドモホルンリンクル**※2も申し込めちゃうの。かなりビックリ。

で、**ウチのアシさんたち**※3ってのが今19歳一人に22歳2人っつーさ……なんてーの……若さバクハツってーの……？　平均年齢21歳お肌も心もピチピチさ。ちょっとサングラスをかけて無言になる私……。無言でお茶をススリ飲んだりして。ええ、**あきらかにウラヤマスィー**※4です。若さ!!

エイジレス特集の多くは

MOYOCO'S KEYWORDS
先月美容室で雑誌読み倒してたら
3、4誌で「ステキに年をとった女性達」
の特集だったんだけど…。何？流行中？
そして全ての特集で「若さなんて別に…」と暗に
言ってる気がしたのは…
こ…これもか
※1 みそじ
子供の頃描いた「ミソジ」のイメージ
この道が味噌でできてる
おかーさーん
味噌路…なんちて…
※2 ドモホルンリンクル
CMでしぼってるのは何？
何をしぼってるの？
VOCE読者で使ってる人は、いるの？
まってる仕事の人…
ポターン

ステキに年齢を重ねた美しい30代、40代の女性にその心の変化を聞く、というような内容でした。そんでほとんどの人が「若さだけじゃないんだってわかった時、心がとても楽になった」と語っていらっさる。

たしかに若さだけじゃないのかもしれない。じゃあなんで最近なんかヤル気がないのか。メイクにしてもファッションにしてもなんというか「気迫」のようなものに欠ける。**気づけば去年と同じ**[※5]コーディネイトをしている。気づけばここ半年同じメイクをしている。かつては大忙しでモードを追っかけ毎年アホのよーにサンダルを買い、母親に「足は2本なのに」としかられつつもシーズン毎にメイクを変えてなんとか美人に見られたいと四苦八苦いや悪戦苦闘……していたものなのにナゼ？

良く言えば落ち着いた。落ち着いたんでございます。メイクも服も自分テイスト、自分がいちばんしっくりきて感じのよいスタイルってのができてしまったのでございます。**私の場合**[※6]白、ベージュ、茶色、ゴールドが基本の「ちょい落ち着き目セクシー系」というのが、自分の好みでもあり、着ていて落ち着くというのがもうわかってしまった。たまに黒！とか今年はモノトーンに走ったけど。

以前の「美人画報」でも書いたのですが、それも一種の老化なのかも……。気づいたら40歳なのに今年と同じ格好してたら……怖い!!

そんなおそろしい時代とのズレ防止策ってのがあるのか!? 私は考えた。考えた末に発見した。アッサリと。それは「モテ」だっ!!

実は私もみな様がご存じのとおり、日々「美人になりてえなー」とボヤきつつ人生を歩んでいるわけです。みしみしと。でもやせもしなけりゃ雑誌に載る写真は相変わらずの激ブス写真オンリー。ていうかひどいのは自分!? と気づきつつエステ行って気功行ってハリ打ってプラ注打って……とやっていたが効き目ナシ。そんな日々の中である日「**モテたい**[※7]……」と思ったのでした。毎日違う男子とデートしてたら一ヵ月たってたわ!! ウフ♡ ぐらいのことをホザいてみたい、と。

で、モテるためにはやらねばならないことが山のよーにあり、キレイはもちろん最優先。ていうかキレイなの当たり前だから!! そのうえで話し上手の聞き上手でしぐさがかわいくセクシーな床上手!とかイロイロオプションが必要になってくるわけだから。と考えたらガゼン気迫が変わってきます。

ただ単に「キレーになりたァ〜い」と思ってるのと「目標モテ!! しかも

モテモテ!!! だから美人は最低条件」と思ってるのでは、「おなかすいたー」と言ってフトンの上をころげ回ってるのとサイフと献立表を手にスーパーへ行くのぐらい違う!! 具体性と目標のクリアさにおいての差が結果にも大きな差を生むっちゅーコトなんです。

そう考えるとアーラ不思議。同じことをしても効果がまったく違う。いちばんスゴいのが炭水化物ヌキダイエット。「モテ」を念頭においてやった時は一週間で5キロ落ちたのに、今はほとんど落ちないの。ツイうっかりチョコとか食べてるから。

で、ヤル気もファッションも同じで「モテ」を目標にするとおどろくほど効

※4 あきらかにウラヤマスィ〜
そんな3人に囲まれて茶をススる私
若いって…ステキね…
※5 気づけば去年と同じ…どころか
3年前のケイト・スペードのバスケット重宝
3年間愛用してるフェンディのサンダル
モーボロボロ
2年前のラルフのTシャツ
10年前のKOOKAÏのワンピースをフレアスカートにして…
新しいモノがない
買い物行きたい

お茶うけはヒットお菓子「納豆巻き」とはちみつ梅干し「極粒」。

ちなみに今日の格好…
←ヴィダルサスーンの細コテでまいた
ラルフのアイボリーのカーデ 肩がサックス!!
D&Gのボーダーのニットタンク ゴールド入っててスキ♡
渋谷パルコのギャル服屋で買った麻っぽいミニ
パオラ・フラーニのチェーンベルト
バッグとサンダルは「3年前」セットです
※6 私の場合 基本アイテム 超シンプル。
いつも大体この組み合わせの色違い…上違いってカンジよね…
あとバッグとサンダルで印象変える
ベルトと髪でもイメージかわるし…。
※7 モテたい!!
毎日ちがうコとデートしてたら1ヶ月たってたわ♡
オホホ
これな人実際いたらスゴいな。
あ、いるか。知り合いにはイナイが。
関係ないけど最近 人に会ったら
欠点を指摘しないよう気を付けてます。
とてゆうか マイナスな事?
太ったね とか…
「疲れてる?」とかも…。
本当にそーでも言わない方がいいと思うので。
子供の頃のイメージ2
玉の輿
おかーさーん!
「玉でできてる腰」…と思っていた。本当に。

あと足し算の「くり上がり」も栗が鉄棒で逆上がりをしているんじゃないか、と疑っていた。

果が出るのであった。若さを保つヒケツ……それは若さにシットして若い格好ムリヤリすることでもなければ若さを否定することでもなくて、いつでも「モテたい」って思うことじゃないか。なんか最近こんなことばっか言ってる気がするなあ。その割にはモテ率いまひとつ。「モテた後どうするか」の目標もたないとダメなのか!! ウ〜ン……玉の輿?（いまさら言うところが30歳）

2001.9

美しく住まいたい。そんな願いの難敵、「パッケージ」に一言いいたい

この前意味もなく**熱を出しました**[※1]。原因はいまだ不明ですが、朝から体がだるくて熱い。それなのに熱によるハイにおちいった私はいきなりパジャマ姿で家中のフローリングを**ぞうきんがけ**[※2]です。

その時はもうなにかにとりつかれたように一心不乱でせっせと床にはいつくばっていたのですが、今思い浮かべると恐いです。ノーメイクでひっつめ髪、白いパジャマをうでまくりで無表情にそうじする女。鬼気せまりまくってますね。しかしさすがにぞうきんをしぼることに疲れた私はおもむろに立ち上がり、またしても無表情で着替え、化粧して近所のスーパーへ出かけました。それで便利なフローリング用のクイックルワイパーとかおそうじシートを買おうとしたの。

と・こ・ろ・が、そのおしゃれ**セミ高級スーパー**[※3]の家庭用洗剤のコーナーにはそういうのは置いてないのさ！　外国のこじゃれたクリーナーばかりさ！　しかも手にとってみると外国の（ドイツとか）洗剤ってそれ一本でほとんどのものが洗えるのね。しかもエコ。すばらしいので思わず購入。だが本来の目的であるところのおそうじシート系のものは手に入っていない。

見回すとスーパーに隣接したドラッグストアの奥からガヤガヤというざわめきが聞こえてくるではナイですか。にぎやかだなあと歩み寄る私。棚の近くになるとガヤガヤはギャアギャアに変化。熱による幻覚なのか？　私にはそうじ用品たちがしゃべっているように見えた!!!（アンビリーバボー風）。パッケージにはびっしりと**それぞれの主張が**[※4]……「ニオイもヨゴレもこれ一本!!」「キバミスッキリ全部クリーン」「おトイレまわりすべての汚れに使える洗剤」……それは商

MOYOCO'S KEYWORDS
※1 熱を出しました。…けど意味あったかも。
なんか体に老廃物たまってるな〜‥と思うと
軽く熱出たりしてスッキリ!!ってコトないですか？
でもこの時はまっパで寝たことも
よく考えると原因かも。っーかそれだろ!!
※2 ぞうきんがけ
何かをせずにいられなかった…!!
せっせ
せっせ
ちなみに普段はこんなコトしない。
※3 セミ高級スーパー
どういうところが高級かとゆーと
ピナコラーダジュース
← 英語
こーゆうの売ってて
「エコナ健康油」とかは売ってないところ。ショミン的じゃないのね
エコナ
※5 オバジとキトサン
読者の方からもメールなどで随分オススメがあったオバジ。
やっぱ効くよね!
アメリカの美容液。
あと、食べすぎの時はやっぱいまだにキトサンアフターダイエットを愛飲してます。
オバジ？
オバ
ジ…
ホントはこんな
C

品名なの？　……それとも説明なの……？　よろめきつつ棚の前でそうじ用品に話しかける私に「トイレのあとのニ

オイにシュッとひとふき」と一本のスプレーがささやき返してきます。キャ～～～!!

おそろしくなった私は大急ぎで**オバジとキトサン**[※5]アフターダイエットだけを買うと家に帰ってしまいました。あのさあ!! なんで容器にデカデカと「汚れ」とか書くの？ あともういいかげん超長い説明の商品名やめてくれ。どんなにキッチンを片づけても、どんなにトイレをカッコいいディスプレイにしても、**すべてはアレらが台無しに**[※6]。

そう、隠しておけばいいんだ、とか思ってんでしょ。そんで**収納名人**[※7]とかいってつっぱり棒にレースのカーテンとかつけて目隠しに!!とか。でもそれって落ち着いて考えてみるとどうなのか。カーテンの目隠しって……。ダセェじゃん。かといってカゴに入れておいたりすると、いちいち出すのがちょっとめんどう。

そこで私は思うのです。「いれものをかっこよくしてくれよ!!」と。コレってそうじ用品や家庭用品に特に顕著だけど、日本の商品全般に言えると思う。みなさんはどうですか？ たとえば今売ってるモノを50年後に見て「カワイイ」とはたぶん思わない。けど50年前のってカワイイのとかあるんだよね。今のパッケージが美しくないのは、商品名・デザイン共に目立つこと、売れることだけ考えているからではないのか。

うをー!! 急に学生運動のようにもえたぎる私。だって**化粧品の容器に**[※8]「シミもクスミもコレ一本!!」て書いてあるのを買う? そして鏡台に置く? 置くのかよ!! どんな女だよ!! ケンカ売ってんのかよ!! つーかケンカも売りたくなるんだよ!!

もしもメーカーの女子がこれを読んでいてくださったらですね、すぐに企画室に行って提言してください。売るなら美しいパッケージ、美しくなくてもいいからインテリアの邪魔にならないパッケージ。商品名も昔の日本風でさ、「菊世界」とか「すみれ」とかそういう名前だったらなおうれしい。**イ**[※9]**ンテリアの中に置いても**そのままでちょっと雑然としたカンジでカッコよく見えるような、そんな容器のやつがあったら絶対買うよ。もちろん内容も重要だけど、長く使ってもらえるものってそういうものじゃないのかしら。

ドイツの洗剤のように一本でなんでも洗えて、容器もシンプルもしくはカワイくて(ファンシーな、の意味ではありません)、そんなステキな洗剤があったらきっとずっとそれを使う……と思ってる私は少数派? イヤイヤそ

プラスチックの色もかわいくないのはどうしてなのかしら。
ペパーミントグリーンとかさ。

んなことはないはずだ。(ここまでの文章はすべて、熱にうかされてた日の私の独り言から抜粋しました。お大事に!!)メーカーの女子、頼むよ! 2002.1

※6 全てはアレらが台無しに
ニーゆうケースに入ったおそうじシートって超便利
だけど…
容器がダメだ。
店頭ではパッキンのビニールにいろいろ説明やら商品名を印刷しといて、使う時はそれをはがしてシンプルなケースに…というのはどう?
※7 収納名人
そのテのTVはいつも感心してみててけっこうスキ♡ でも…
なんか…ダサくね-?
※8 化粧品の容器に…
時間がたってもしっとりしている化粧水!
こんなのヤダよね
なんかコワイ…
何もかいてなくてもアユーラとかアナ・スイの容器は置いてあるだけでシアワセ!!
※9 インテリアの中に置いても…
そういう洗剤早く作って。
さて そーじ するか…

最近、花を飾ったのはいつ？
思い出せなかった人に贈る、
「花は女子のパワーの源だ」の巻

MOYOCO'S KEYWORDS
ところで「美人画報ハイパー」のあのオビ!!
すいません…。私も自分のことながら
ちょっとおびえてしまいます。つーか
「キレイな人に生まれ変わる！」って…。
あー びっくりした。ヒヤ汗…。
美人画報
ハイパー
野モヨコ
※1 すみれ
けっこう道に咲いてたよ。
白いのもたまにあったな！。
最近は明治神宮の奥の広場に見に行きます。
※2 花に入る！
シャクヤク などは 入りやすい。
めしべ あたりから
すごい夢中に…
うおお…

お花屋さんになりたいと思っていたことがありました。小1くらいのころです。私は当時「**すみれ**」[※1]に夢中でした。

濃い紫の宝石のような花弁。あるんだかないんだかビミョーな芳香。私はとりつかれたようにまだ造成途中で野原が残されていた団地のはずれや裏山ですみれを探すのに熱中しました。熱中しすぎて紫の花をみつけるとすべてすみれだと思い込み、うす紫の大根の花まで「すみれだ！」と言い張っていたということです。

　すみれに限らず花には本当に人の心を惹《ひ》きつけるものがあります。ここで言ってるのは普通に「お花って部屋にあると和《なご》むよネ〜」とか「お花は心にエネルギーを与えてくれるのです」とか、そういうありきたりなことじゃないんですね。もう、なんというかそういうぬるいレベルの話には飽き飽きしてんのね。今日言いたいのは、「[※2]**花に入る！**」ぐらいの気持ちで花を観ていたい。ってコトなんです。

　かつての私（すみれ大好き小学生）がそうであったように、今も私は花が好き。特に愛しているのは、「[※3]**ラナンキュラス**」という花。白やピンク、ピンクも淡いのから濃いものまで多種多様。今でこそ定番になっていますが、5〜6年前市場でブレイクした時は私の心をとらえて離さない憎いヤツでした。この花を一輪、すごくスキな色のを買ってきて、細い花びんや小さなグラスに生けて、ひたすら眺める。そうすると実は花びらのこまかいスジによってビミョーに色が変化しているところが美しくてもう夢中。あんまり夢中で見てると30〜40分は当たり前。気づくと日もとっぷりと暮れてきて、暗くなってきたのでキャンドルをともしてまた凝視。

ここらへんまでくると、だんだん自分でもなにを見てるのかわからなくなってくるので、フッと顔をあげてみると、昼までの自分がなにを考えていたのかもうすっかり忘れて、その花の色に心が染まっているのであります。そして花に深く感謝して、その後は普通に部屋の中に花があることを楽しみます。

楽しみ方にもいろいろあって、本当に私なんかは生けることに関してはど素人なのですが、**見よう見まねで**[※4]首から折れた花を皿に浮かべたり、長い茎の花をクロスさせて2本生けたり。最近雑誌で見て覚えた、大きな葉っぱを買ってきて一枚だけ、もしくは2枚だけガラスのストンとした花器に生けるというスタイルをしてみたり。手軽にモダンなインテリアぶることができて便利（でもよく考えたら花じゃないじゃん!!）。

しかしそれも心に余裕ないとやらないんだよね。必死で毎日なにかに追わ

シャムロック、というグリーンの菊も大スキ。

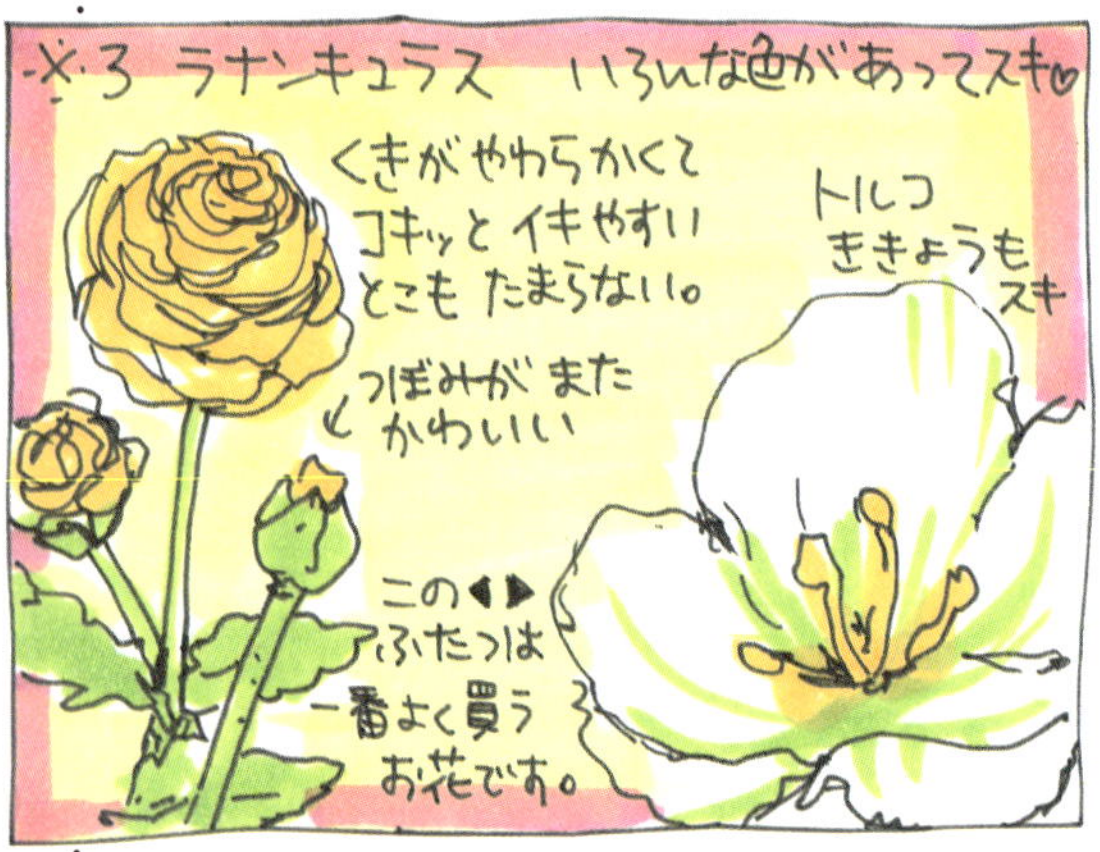
※3 ラナンキュラス いろんな色があってスキ♡
くきがやわらかくて
コキッと イキやすい
とこも たまらない。
つぼみが また
かわいい
トルコ
ききょうも
スキ
この◀▶
ふたつは
一番よく買う
お花です。

れてる時とか、悩んでいるのが2週間ぐらい続いてる状態でにっちもさっちもいかない時、私は思い出してみることにしています。

「最近花は？」そういう時はたいてい、絶対と言っていいほど花な

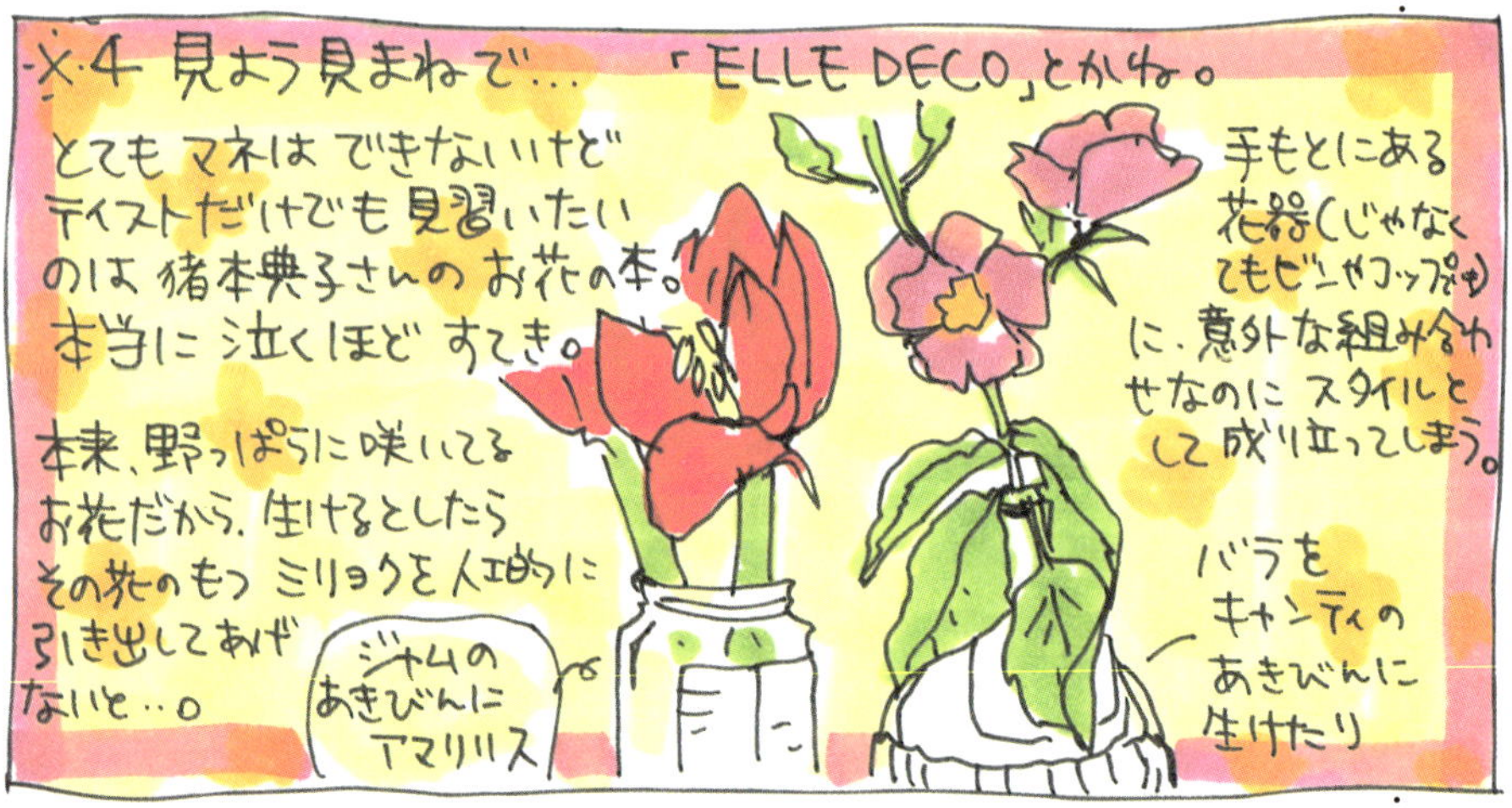
※4 見よう見まねで… 「ELLE DECO」とかね。
とても マネは できないけど
テイストだけでも 見習いたい
のは 猪本典子さんの お花の本。
本当に 泣くほど すてき。
本来、野っぱらに 咲いてる
お花だから、生けるとしたら
その花のもつ ミリョクを人工的に
引き出してあげ
ないと…。
ジャムの
あきびんに
アマリリス
手もとにある
花器（じゃなく
てもビンやコップでも）
に、意外な組み合わ
せなのに スタイルと
して成り立ってしまう。
バラを
キャンティの
あきびんに
生けたり

私でもできる初級テク①
うすべったい花ビンにカラーの小さいやつ2本、とか。
たれさせてみたりとか。。玄関に。
いろんな花を組み合わせるのは難しい!! という人は スキな花を沢山 もしくは 2、3本、もしくは 1本でもいいと思います。
ポンポンダリアとかスプレー菊はごっそりとっていうのもカワイイし
細長いベースに2、3本もかわいい。
1輪なら お茶わんにうかべたりしてもかわいい。
※5 花から何を感じるか
お花って描いてるだけで楽しくなっちゃうの。だからスケッチすることもおすすめだ!!
けっこうムズかしいんだけどね
下手でも楽しめばいいや! と思ってかいてます。
あと お花モチーフのアクセって、何個あっても見つけると買ってる気がします。カワイイよね!!

んてまったくない暮らし。花屋の前も素通りです。そんでまた買おうかな？って気持ちになんないの。

ひどい時なんてお花をいただいても、花器に生ける気力もなく、バスルームに置いたまましおれていくのを見ている時もあるくらい。

花はその時の心の余裕度のバロメーターなのではないか……と思うできごとが、そういえば最近ありました。アシスタントさんの結婚式でミニブーケをもらって帰った時のことです。

お嫁さんからもらったかわいい花束なのにバッグの中にしまったまま寝ちゃって、一晩放置してしまったのです。当然、翌朝しおれきってしまった黄色とピンクのガーベラ……。余裕のない自分の心をさらに責めてしまい、私は落ち込みました。疲れがたまってすげえナーバス。お花をしおれさせたことで哀しくなってしまったのです。

でもとりあえず洗面所のコップに水を入れて、しなだれた花を入れてみました。するとどうでしょう……仕事から帰ってくるころには、すっかりと元気に首をまっすぐ伸ばしてピン！と花びらを開いているではないですか!!

私はうれしくなって、本当ににこにこしてしまいました。

花に元気づけられるとはこのことです。素敵な花器やスタイリッシュな生け方も大切だとは思います。でも本当に大事なのは**花からなにを感じるか**[※5]、じゃないかと。なんか人生訓話みたいになっちゃって今、内心「やばい？」と思ってるけど、それくらいお花って生きる力というか。心よ心。心の鏡。

2002.4

モヨコの少女趣味サクレツ！
事務所のリニューアルで
展開される
めくるめくインテリアの世界

仕事をしている時間が長いんです。**漫画家ってーのはね！**[※1]　話をつくって原稿用紙に描きうつして下絵を描いてペン入れして消しゴムでえんぴつ線消して黒いとこぬってトーン貼って切ってけずってハミ出たところはすべて修正液で消すんですよ早い話。早い話なのにこんなに長いんですよ!!

……なにをいきなり怒鳴

MOYOCO'S KEYWORDS
※1 漫画家ってーのはね!
① あらすじ& 打ち合わせ
出会い ↓ スキ♡ ↓ フラれる
ボッ!
② ネーム コマを割ったラフな下がき
絵は入ってない。セリフだけ
③ 下絵
④ ペン入れ
⑤ 仕上げ って過程をかくのもメンドくさい…
職人シゴトです。

ホントさー。今こんなに全部手作業っていうのも珍しいよ。
昔はトーンのかわりに手で描いてたのがもっとスゴいけど。

●蛇口やボウルもイメージに合わせて探したそう。花の形をしたキャンドルが、なんともラブリー。トイレといえど、ディテールにまで乙女ダマシイ入ってます。

REST ROOM

●やわらかいピンクを基調としたこのスペースは、なんとトイレ内。ちなみに便器もピンクなんです！ タイルの色もドアノブもひとつひとつがモヨコ・チョイス。

り散らしているかというと、新事務所が完成して自慢したいんだけどそれじゃあ反感買うかなーと思って、どれだけカコクかをアピールしてみたんですよ!! まあ、そんなわけで仕事がサッバツとしているぶん、事務所は美しくありたい……そう思い続けて**8年あまり**[※2]でしょうか。

この前までいたところは、私が「内装」について意識した初めての場所でした。初めてデザイナーの方にお願いしてカベの色やら床材やらを決めたの

●このシャンデリアは、ロスで購入したもの。自宅に飾っていた時はしっくりこなかったのが、ここにはぴったりで大満足だとか。

この絵はそれでも広く見える。
もっとせまくてギューギューでした。

です。そもそもカベの色替えていい、って思ってなかったしね。で、タイル敷くといくらかかるみたいなこともそこで初めて知りました。だって賃貸でいる限りそんなことやろうと思わないじゃん!! 敷金返ってこないじゃん!!
でも、実際やってみるとカベ紙ひとつで大違い。ガラリとフンイキが……いかにもオヤジの帝国風だった事務所からインテリアのショールームぐらい変わる!! ステキ!! 白いカベに白い窓わく……白木の床。くるくるとその上で踊りました。
が、3年くらいたってみると、白すぎる?ということと、**広すぎる!!**[※3]とい

●応接スペース。限定もののヒョウ柄のソファ、そこに置かれたクッション、カベの色……すべてがステキすぎ。ここでなら、原稿も気長に待てそうです！

●深い色が印象的なこのシャンデリアが、インテリアのイメージの出発点になった一品。

WAITING SPACE

●もともとあった柱に凹凸柄のあるカベ紙を貼り、金色にぬった。下のテーブルは一人暮らしを始めた時に買ったという、思い出の品。昔から、自分テイストに一本スジが通っているのがうかがえる。

上●風水のアドバイスにしたがい、部屋の片すみに水盆を置いている。水が循環しているのが、幸運のポイントだとか。
下●紀子さんのアドバイス「買い足していいのは上海デコだけ」を反映したこの棚。「ピンクと黒とゴールドを基調にした少女趣味」の、スパイスになりつつなじんでいる。

うことに気づいたのです。私はインテリア慣れしてない日本人のステレオタイプだと思うけど、生まれついての借家育ち。家のカベっつーのはヒト様のもんだから色をつけるなんてとんでもねえ話だ!! という深い呪縛からツイなんでも「無難」にまとめよーとする習性が。で、お金使って内装しよーっていうのにまたアイボリーだの白だのを中心に選んじゃって、**海辺のコテージ**[※4]のようなことになってしまったのであります。そしてそれはそれでステキだけど「**私らしい感じ**[※5]」では全然ないっつーことにも3年かけてやっと気づいたぼんやりさんな私なのであります!

そのぼんやりさんな私を救ってくれたのが今回の内装デザイナーの**紀子**[※6]です。なんでいきなり呼び捨てかというと中学時代の親友だからです。

彼女はまず、無難にまとめなくてもいいんだということを私に伝授しました。**海外のインテリア**[※7]雑誌とか見ると、紫のカベに赤い家具とかエメラルドグリーンのカベにピンクのファブリックとかの組み合わせがあってすっげえかわいいのですが、実際はできないよそんな色……だって気が狂ったら困るじゃん! 赤いカベの部屋にいると神経がおかしくなるって言ってたもん!!などと自分の中で完結してしまいます。

こーゆうのもいいし和風もいいし……
迷いますね。

クリップは東急ハンズで買ってきたらしいです。

※8 普通に買い物
70'sのデッドストック
ターコイズのブレス!!
サンダル… 洋服も買いまちた。
※9 インテリアの提案
クリスマスの飾りの
←こーゆうやつを
のれんのようにたらす
というアイデア。
ドアのガラス部分も
上下をクリップで
とめると ものスゴく
かわいい
上に安い。
※10 テイスト
ジャストこれっていう
写真じゃなくても、色だけ
とかでも いいのかも
「娼館」のイメージで…とか。
このティーポットの
似合うキッチン!とか。
言ってました。
H.Pデコで
買ったポットと
シャンデリアが
コンセプトの中心となりました。

でも、やってみて疲れたらその上からぬればいい、と言われて開眼。今はペンキをぬれる壁紙っつーのがあるのです。やったー!! やったー!! それで私は思いきることができました。夢だったピンクのカベっすよ! うすいピンクじゃなくてがっちりピンクっすよ! あと紫とか!! 黄色もステキ! まっ黒ってのはDO? いきなりタガがはずれて今度は「まあ落ち着け」という話に。そのうえ、友だちだけあって、内装の打ち合わせという名目で会ってるのに、**普通に買い物**[※8]をする始末。本当に大丈夫なのか? 引っ越しまで日にちないぞ!と言いつつかわるがわる試着をする私たち。

でも、そんなことをしながらもバッグや靴を指さして「こういう部屋にシテ!!」と主張。それは部屋じゃなくてサンダルだぞ!とのつっこみもされないので、ワンディッシュプレートやケーキまでも指さして「こーゆう内装なの!!」とさらに主張。

そうこうしているウチに私のテイストがつかめたらしく、次からはもう「これはアンタは絶対スキだと思うよ!」と**インテリアの提案**[※9]をしてもらうに至りました。

内装を頼む時、自分の**テイスト**[※10]をどれだけデザイナーさんに伝えられるか

WORKING SPACE

●こちらのソファは、安野さんの瞑想スペース。ここでアイデアが生まれたり、気分転換したりする、くつろぎの場なのです。ソファに掛けたピンクの布はNYで買ったお気に入り。

最近はこのソファの上にタイの「蚊帳」を吊って
天蓋のようにしています。ムフ♡

●モヨコ・漫画ペン入れ中の図。白だった仕事机も、部屋に合わせて黒にチェンジ。ここに移ってから、仕事場にくるのが楽しくてうれしい、と語る。

上●本棚には好きな本が満載されている。この童話選集は、装丁まですべてを再現した、美しい復刻版。美しいものを身の回りに置くのは大切、を実践してます。
右●本棚は、旧・南南東で使用していた白いものをゴールドに塗装した。それだけで雰囲気だんちがい。旦那様からもらったフィギュアがさりげなく飾られているところに、幸せオーラが。

※11 いろんな好みが…
でも、それをまぜて自分スタイルに!
というのが上級者かも。目標
寝室に買ったスタンド
パリっぽい上海デコとか。そーゆうかんじでいきたいとこです。
アンティークビーズのかさ。今いちばんのお気に入りです。
赤+ゴールド!!
紀子のつくってくれたゴールドの柱に赤いライトとベストマッチ♡

が大切です。内装を頼まずとも、普段から自分のテイストっちゅーもんがハッキリしていると決めやすいですね。でも、私の場合わりとゴールド使いの激しい少女趣味と、NYの和モノ好き外人風モダン趣味、上海デコ、と[※11]**いろんな好みが**入り交じって意味のわからないことになっていたのですが、少女趣味だけを取り出して事務所に集結させたことで、

●原稿中でもきちんと食事をつくるナンナントウのごはんルーム。くつろげるムードは、暖かい色みの床の存在が大。手前に見えるのが、浅草橋でパーツを買ってつくった、キュートなのれん。

DINING SPACE

●道路に面した出窓も、かわいくデコレート。部屋のそこここにある花のあしらい方が、大袈裟じゃなくってステキ。花器じゃなくてガラスのお皿を使ったり。

●心から漫画を愛する安野さん、もちろん仕事場にもたくさんの漫画を取りそろえてます。名作ばかりで思わず読みふけりたくなるラインナップ。

ほかのシュミがハッキリ浮きあがった感じです。

でも、事務所にぶつけてみて初めて自分がカナーリ少女趣味だったということがわかってびっくり&少しナミダ。こんなに内なる娘心を封印していたのか、おまえ……フビンなヤツだな。ぐらいのサクレツぶりです。部屋にはその人の心の状態が表れるのねん。

インテリアショップにて私が惹かれるものの8割はグリングリンのラブラブな花モチーフ全開で、ゴールドやシルバーのバリバリに貼り込まれたものばかり。気をつけないとリモージュ焼にも手をのばすほどのベルばら趣味です。キケン!! 歳とったら間違いなくロココな部屋に……。そこで紀子から伝授された心の教えインテリア編は、少女趣味インテリアに買い足していいのは上海デコのシックでわりとシンプルなもの! そうか……ここでもファッションと同じプラマイ計算が大切なのか。

そういったわけで、私はもうグリングリンなやつは買えません。これからはシックなものを。なんか自慢しようと思ってたのに白分の子ども部分を公開することになっちゃったな……。いや、ここで私、毎日優雅に漫画を描いておりますことよ♡ スミや消しゴムのカスにまみれてな!!

2002.7

美人は暮らしも美しく!!
もちろん自分ちも!!
ってことでがんばってみました
「自宅インテリア」

引っ越してからの3年、私の家に関する悩みの上位をつねに独占していた「**リビング**[※1]」。うちのリビングをなんとかして!! そんな泣き言を原稿用紙にぶつけた夜もある。うちのリビングは、ぱっと見テレビと**ソファ**[※2]だけのシンプルなインテリアでありながら、「居心地が悪い」という決定的な問題を抱えていた……。

中途ハンパに広いので大きいソファを入れてみたら、今度はそれがデカすぎて残りの空間にはテーブルも置けな

HOYOCO'S KEYWORDS
アエラの表紙をやらせていただいた…。
さすがにいろんな人から感想をいただきましたが皆「太った?」「顔丸い」とか言うのをやめて下さい!!
わかってるんです。あたしも…。うう…。
AERA
修正してって言ったのに～

ものすごい言われようでした。悪かったよ……。
しかし見ず知らずの人に「アンパンマン」とか
言われるっつーのもスゴい世の中ですね。

●リラックスできるアジアン風味でまとめられたベッドルーム。主役のベッドは縦と横の長さがほぼ同じ、という超特大の特注品。ええ、もちろんご夫婦のベッドですとも！　リネンを探すのが大変らしい。

BED ROOM

●ベッドのフットサイドにある、くつろぎコーナー。家具の素材をバンブーで統一しているので、部屋全体がしっとりと落ち着く雰囲気になっている。バンブー系はスキップ ア ビート ガーデンなどで探すことが多いとか。

●ベッドまわりには間接照明をふんだんに。シノワなランプがインテリアのアクセントとなっている。ムーディです。

ここで夜お茶をする♡と思っていたが脱いだ服の置き場に……。

●ここがモヨコの美の最前線、ドレッサー！　ベッドルーム内にあるため、バンブーもので。引き出しの中にはぎっしりコスメが!!　でも見えるところはあえてすっきり。お気に入りの水差しなどを置いて。

●ベッドルーム全景。手前の入り口の右側に、ドレッサーが設置されている。

●愛するフレグランスがディスプレイされた、通称「香水タワー」。いちばん上にあるのが、最近のベスト、マーク ジェイコブスのもの。

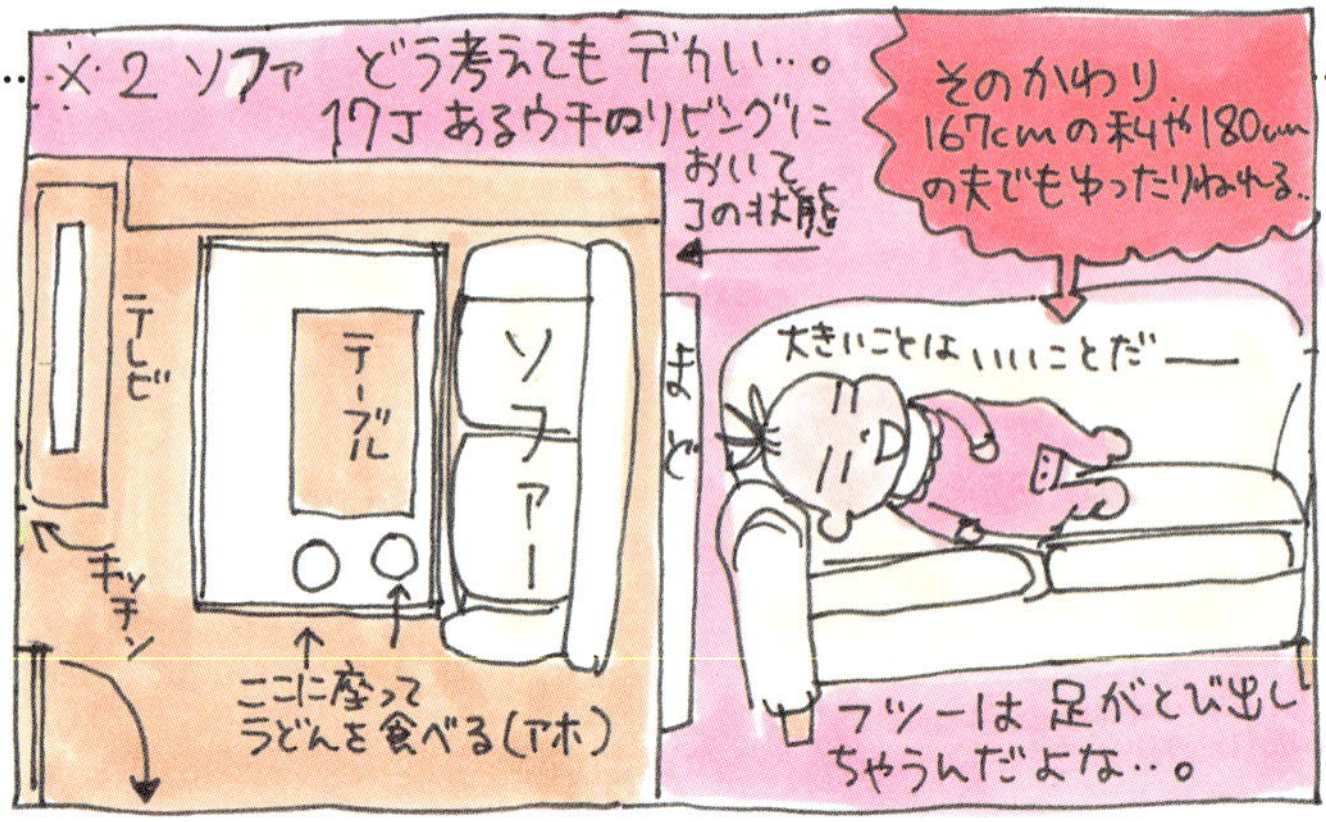
※2 ソファ　どう考えてもデカい…。
17J あるウチのリビングに
おいてコの状態
そのかわり 167cmの私や180cmの夫でもゆったりねれる…
テレビ
テーブル
ソファー
まど
キッチン
ここに座ってうどんを食べる(アホ)
大きいことはいいことだ——
フツーは足がとび出しちゃうんだよな…。

いし。仕方ないからソファ用の低いテーブルにうどんをのせて床にぺたんと座ってすする日々。なんか違う？　全然違うよ!!

　そう思いつつも結婚を機にどかんどかんと**家具**[※3]**が増えて**

※1 リビング
ちいさな庭もあるのですが..
果物のなる木だけを置いている
ブルーベリー
木いちご
ブラックベリー
オリーブ
白すぐり
フフフ…

※3 家具が増え…
やばいっスよ テイストバラバラ。
籐のテーブル&チェアは朝食用　池尻のQUOで
デパートのセールで
ビックカメラで…。
ここが生えっぱなしのパーテーション 池尻のQUOで
ソファサイドテーブル
一番のお気に入り 雑誌はココに収納

しまいました。籐のテーブルセットにアンティークの茶だんす、パーテーションにシャンデリア。極めつきは黒レザーのデカいマッサージいすとDVDの棚です（壁一面）。もうインテリアとかじゃなくて「何部屋《ナニベヤ》なの？」という話です。そんでもって居心地はどうかというといいわけねえだろ!!　ただモノがぎっしり（しかも家具！　捨てらんないよ簡単に）つまっただけでよ！

　私、とても平常心ではいられませんでした。なぜってこの単行本に載せる自宅写真の撮影が迫っていたから。自宅写真って誰んちのもたいていステキだけど、どうなってんの!?　あれ、本当なの!?　モデルハウスじゃないの？　と、人様の自宅写真にケチをつけだす始末です。やけになっても部屋はカオスと化すばかり。とりあえず、いつか捨てようと思っていたものを処分したりして少しスッキリ。でもこの茶だんすとか……どーすんの!?　ウチは夫婦ともの仕事の性質上、紙とかペンとか紙ねんどとか**コマゴマしたもの**[※4]が多くて、しまう場所がホントーにないので決断して買ったものの……思いきり浮いて……。たんすだけじゃなくマッサージ機も、浮くっていうか沈む感じで存在するし。ドアを開けてすぐ目に入るし!!

●アロマキャンドル灯して瞑想、なんてこともするリラックスのための重要な場、バスルーム。暖かい色みの木製手桶など、使って心地よいものにこだわった空間だ。

BATH & REST ROOM

LIVING ROOM

●洗面台の上には、数々のスキンケア・コスメ。……それはもう女子垂涎のプレミアムな品ぞろえは、さすが。このミニ棚もシノワな味がかわいい。

●長身夫婦でもゆったりできる特大ソファはコンランショップで購入。寝心地ばつぐん。お気に入りの赤いソファサイドテーブルで、雑誌もすっきり。

●「どこに置いてもしっくりこなかったミニチェスト」がこれ。アンティークの風合いが優しい雰囲気。今はしっくりとトイレ内に鎮座している。

●朝食用のダイニングセットは、ベランダに面したスペースにある。ちょっとカフェっぽい雰囲気？

●リビングの壁一面につくりつけられた棚の中身は、DVD。アニメから洋画まで、幅広いラインナップです。棚の上に注目。古民具店で購入した木わくと仮面ライダーのフィギュアが共存してます。夫婦の趣味の合作って感じでしょうか。違和感のなさがステキ。

●リビングルーム全景。奥のパーテーションの陰に、足裏までもんでくれるすばらしいマッサージ機あり。ちなみにソファの対面には、信じられないほど大きなプラズマテレビが置かれている。

●リビングの照明は木製の……シャンデリア？実はこれ、海外通販でゲットしたもの。海外のインテリア系通販は、かなり個性的なアイテム満載なため、よくチェックするそう。

ということで思いきってパーテーションとたんすで囲んで小部屋にしてみた。すると……なんかスッキリしてきたのです。今回私は「あきらめない」ことを学びました。インテリアにはどれもグッドポジションがあるのです。そうそれが見つかるまでは何度でも場所や向きを変えて置いてみるのです。そうすると必ずいつかはその家具がしっくりくる場所つーのが見つかるのです。

まあ、大きい食器棚なんかは移動が大変だからそうそう場所を変えられないけど、中の食器のディスプレイを変えるだけでも、インテリア性はぐんとあがるんだよね。どこに置いてもしっくりこなかったミニチェストをトイレに置いたらかわいかった、という経験をもとにいろいろな場所と角度を試しまくった私。こうして、今回の撮影にナントカ間に合いました。

新しく買ったのは[※5]棚の上の木のわくだけ。あ、あと花ビン。木のわくは日本の古民具を扱うお店にて購入。もとはたぶん、欄間か障子のわく。本当は絵を描いて飾ろうと思ってたけど、そんな大きい絵は描いたことがないのでまた今度（先送りする悪いくせ）。

広いスペースが空いてしまった時や玄関なんかになにか飾りがほしい時、**つい、小さい花ビンやら皿を**[※6]ちまちま飾ってものすごいごちゃついたことにいつもなっていたのですが、これも今回学んだ。「大きいの一個でいい」。どかんとしたものがひとつあればキマるんです。大きいインテリアって失敗をおそれてあまり買えないでいたけど、それがインテリア下手の原因だった私。

あとカメラマンさんが撮影する際、もう一個学んだことがあります。「写真に収めてカッコいい状態」を一度つくってしまうんです。部屋全体でもいいしワンコーナーごとでも。そうすると余計なものをどかして、カッコよく見えるキャンドルなどを配置しますよね。そしたら、そのままに!! どかしたものはたいてい半分は捨てても困らないもの。もしくはしまっておけるものなのです。これをたまにやるだけでグラビアめいた部屋がキープできるんですよ!!

カメラマンさんはプロでした。河口湖土産の猫が寝てる置物とか、薬のビンとか、日常になりすぎて自分ではすっかり普通と思っていたアイテムをさくさくとどかし……。やっぱインテリアは、**他人目線が大切だ**[※7]。でも猫の置物……捨てらんないんだよな――――……。

2003.7

※4 コマゴマしたもの
ペン
かんでんち
サプリメント
プロポリス
スケッチブック
ねこ
えのぐセット
つくりかけのねんど細工
ビーズ
※5 新しく買ったのは…
あと玄関のライト!!
わざと低い位置までたらすとカワイイ。
目黒通りのプールアニックで買いました。
↓ニーゆうのもかった
※6 つい小さい花ビンやら皿を
お花のキャンドルとか…
思いきったかいものができない日は…代わりにニーゆうのを買ってしまう
お香とか…
おかげで今うちはロウソクとお香だらけ…。寺か?!
※7 他人目線が大切だ
ケータイの充電器とか
機能的な目ざましとか (20世紀製)
枯れてるサボテンとか
ニーゆうやつ↓ざぶとん付き
他にもイッパイイッパイあったけど…アホらしくて描く気にならないよ。それぐらいムダなものがあるってコトだね…。

IDEAS of DISPLAY

●ベッドルーム前の廊下。ガラスブロックの裏がウォークインクローゼットになっている。こうやってちょっと座れる場所があるのって、意外と便利。

●ウォークインクローゼット内部に潜入。今凝っている着物関係アイテムがずらり。鮮やかな色の昔着物は、掛けておくだけでも楽しい。

●廊下に置かれたたんすは赤が印象的。ちょっとした空間に植物やキャンドルを上手に飾ることで、目にも心地よいお家づくりが達成されている。

●玄関の靴箱の上はこんな感じ。屏風なのにカジュアル。和っぽいアイテムにプールアニックで買ったライト、という絶妙の組み合わせのなせるワザでしょうか。

撮影／永野佳世

『いつでも美しい人』でいるために、忘我の境地から自分を救え、〝ティータイム〟で

あー**二日酔い**※1。二日酔いです。本当につらいです。もう二度とお酒を飲みません。絶対にもうどんなにすすめられてもきっぱりＮＯ！と言う。そんなふうに固く心に誓ったのはいちばん最近では２週間くらい前でしょうか。

二日酔いの女は美しくない。どう考えても最悪。二日酔いの日は顔がフける。目の下にクマ、顔は土気色でガサガサに。頭痛のあまり顔をもみくちゃにすれば、くっきりそのままアトがつき。もう二度とお酒を飲みません（２回目）。

でもきっと飲んじゃいます。二日酔いにもなっちゃうでしょう。それはもうあきらめるしかないような気が最近しています。人間そう簡単には変われないのです。だから二日酔いから早く抜けるために飲むもの、を追求していきたい。今は

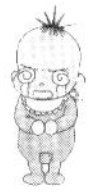
先週も夜から上野公園の骨董市をのぞきに行って、
その後串焼き屋でマッコリを大量に飲んで
次の日大変なことになりました。

そんな気持ちです。
だいたい私はいつも**うめぼし茶**[※2]をぐいぐい飲んで**黒丸ドリンク**[※3]です。完全に父親直伝。これで「ウコン」とか飲めばバッチリおっさんです。あと駅の薬局で**ヘパリーゼ**[※4]でもいい。良くない。良くないって話なんです。結果さえ出れば経過は問わないというのが、美の崩壊につながる。
メイク完成時が[※5]美しければ、超きったない部屋で大また開きで鼻にティッシュつめててもいいのか!? 良くない。ただでさえ美しくない二日酔いの朝、うめぼし茶とウコンでも悪くはないけど、あえてここでフラフラしながら**ハーブティー**[※6]をいれてみるっつーのはどうだろうか。しかもガラスのティーポットで、レモングラスとバラの花びらの入ったやつとかをいれちゃったりなんかしてね。この余裕。これが大切なんじゃないか。
私はお茶の大切さに目覚めました。いや、お茶もね、今までもね、好きだから**つねに10種類以上**[※7]はあって、事務所での仕事中もとっかえひっかえ飲んでいたのですよ。でも、それって机の上にあってなにかの作業しながら、ほとんど無意識に口へ流し込んでいるだけの液体にすぎなかったんですね。消しゴムのカスとかものすごいたくさん入ってても気づかないしね。たぶん、

MOYOCO'S KEYWORDS
※1 二日酔い
今回は講談社のパーティー。仕事明けで
空腹のまま行っていきなりワイン6杯。(アホ)
久しぶりの友達に会ったことも手伝い
ハイペースで飲み続けたことが敗因かと。
あと3次会でシャンパーをあおったことも敗因かと。
オエ〜
※2 うめぼし茶
アツーい緑茶とうめぼし。
もしくはうめぼしに
お湯をかけただけでも。
※3 黒丸ドリンク
これも効く。
ウコン
ウコンも
配合されて
いる。
※4 ヘパリーゼ
何度飲んだか
わからない。
品川駅の薬局で夕方
買って飲んで出勤してる
おネーさんを見るとナミダが…。
出勤!!
しっかりかせげよ……
※6 ハーブティー
恵比寿アトレの中にあるハーブティー屋さんで、美肌ブレンドとか、リラックス、とか
用途別のブレンドを買ってます。
マリアージュの
お茶缶がスキ
いろんな色を
そろえたい。
今はジャスミン茶を入れています。
ガラスのティーポットは池尻の
QUOで買った大きいやつ。
すごーくいっぱい入る。

※5 メイク完成時が
ん♡ カンペキ

今まで消しゴム一個分くらい飲んでるね。カスを。

でも、そういうイミでのお茶じゃなくて、心から楽しむお茶。仕事を中断してわざわざセットしていれるお茶は、香りをじっくり楽

※7 常に10種類以上
今スキなのは
ロンドンフルーツ&ハーブ
カンパニーの
「グリーンティー&ピーチ」
と「アップル&シナモン」
「グリーンティー&ジャスミン」
も香り高くてスキ
定番の王様
ビゲローの
アイラブ♡レモン
HERB TEA
他にもローズヒップ、だったんそば茶、ビワ茶etc… 紅茶はレディ・グレイがスキ♡

しんで飲む。温度とか量とか茶道のような楽しみ方もいいけど、私はもっと適当でいい。そのかわり、お茶を飲むことで自分を見つけたいね。「見つける」って自分探しみたいでやだな。でもホラ、「我を失ってる」時ってあるじゃないですか。なんかカニ食べてる時とかね。バーゲン70パーセントOFF!とかね。二日酔いの時もそうだけど、我を失った状態の顔やしぐさは総じて美しくないのではないか。

たぶん、余裕がなくなってるのね。なにかに気をとられすぎてて。でも、それは「いつも美しい自分であろうとする心」を見失ってる状態。もう忘れてんだよね。美しい人はいつもその自分のペースを崩さないのだ。私などはミジュク者なので忘れっぱなしです。特に仕事中。すべてのエネルギーを仕事につぎ込んでるので、自分の本体がお留守になってしまうのであります。「そうなっている」こと自体の自覚ももちろんナシ!

で、お茶をかわいいポットでかわいいカップにいれてみることにした。もちろん中身もかわいいお茶。そして飲む時には、お茶と飲んでいる自分に意識をまとめるようにする。そうすると不思議なことに、自分を取り戻し、スゴイ顔して仕事してたことに気づくのであった。美しくあろうとするあまり、仕事への必死さを失っていいわけもなくて、やってる時は持てる力を集中すべきなんだけども、ときどきそうやってチューニングしておけば平均的に崩れないでやっていけるのではないか……そんなことを真剣に考えている私なのであります。

まーそれだけ我を忘れがちな人間であるっちゅーハナシなんですが。だからこうして大酒を飲みすぎて、毎回もんどり打って苦しんでいるんですね。もしかしてお酒を飲んでいる最中にお茶を飲んだりしたら二日酔いも軽減もしくは予防できるかもしれない。お茶で自分を取り戻してね。こんなに酒飲むな、なんて自制したりして。……。いや、やっぱ違う。お酒は自分を見失ってこそ楽しいのだ。うう……。ヘパリーゼ……。

2003.4

フォートナム＆メイソンで買った紅茶の缶
あまりの美しさにムラサキを2コ。オレンジを
真ん中に配置してディスプレイしている。
色ちがいで合計6コ買ってしまいました。
消しゴムのカスイリのお茶
ギフ県の神岡で買った和三盆だけを使ったそぼくなお菓子。ものすごくおいしい。こういうお茶うけが一番スキ。
雪渓

今、ものすごくハマっているお茶は「Seri Songket」のライチwithローズとアールグレイwithタンジェリン!! もう大スキで毎日飲んでる! パッケージもホントにかわいい。

キレイを自給自足できちゃうかもしれない、「言葉の美容液」を追求してみたい！

最近いちばんの悩みはなにかといいますと、[※1]**おでこにある3本のしわ**。しかも、スベッとしたおでこにしわがよっちゃっているのではないので困る。なんつーかおでこが盛り上がってて、うねのようにしわがよっている状態なのであります。そのうねにいちごを植えて、春になったら食べ放題!!ぐらいのくっきりとした盛り上がり。

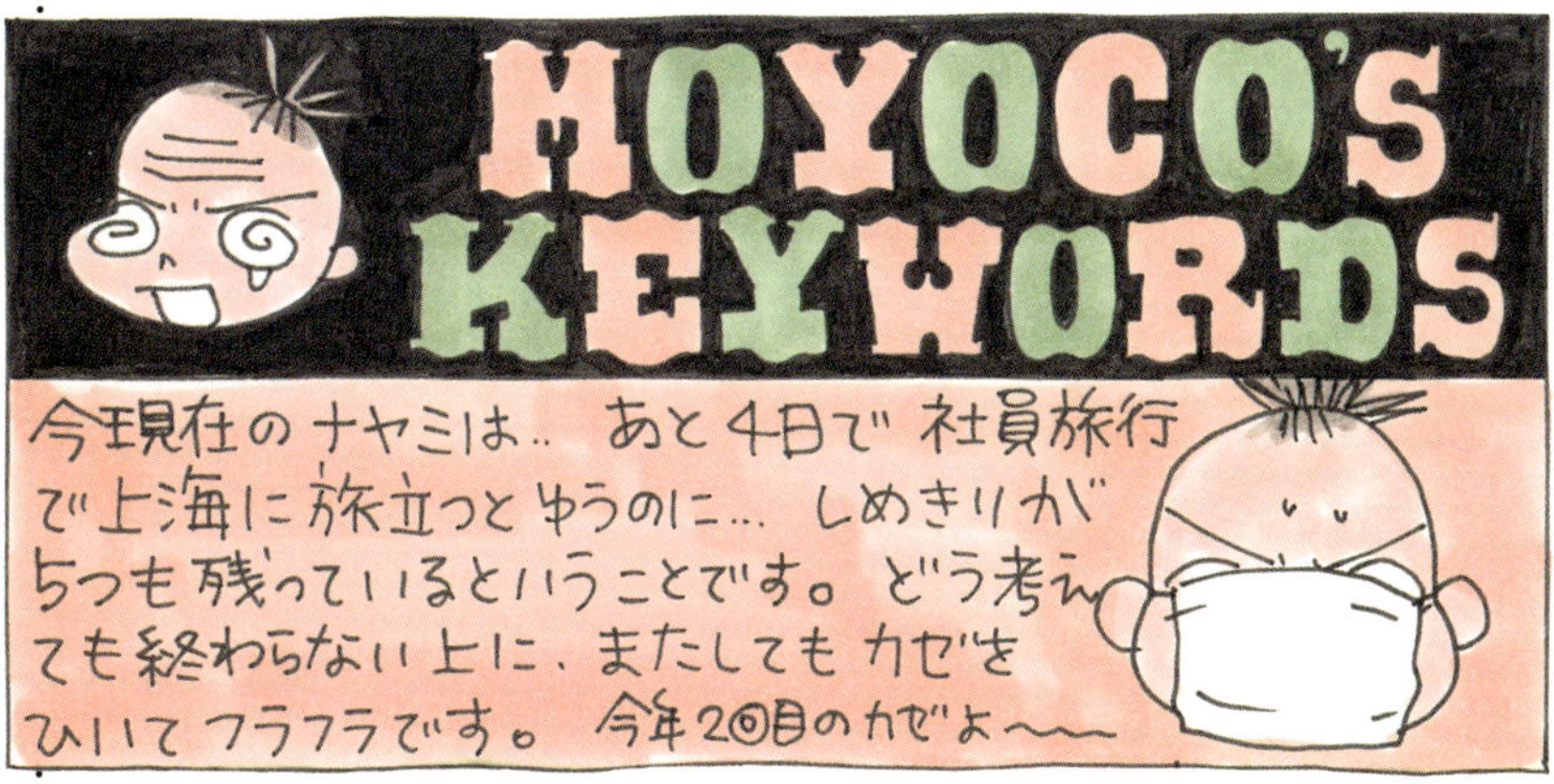
MOYOCO'S KEYWORDS
今現在のナヤミは‥ あと4日で 社員旅行で上海に旅立つとゆうのに… しめきりが5つも残っているとゆうことです。どう考えても終わらない上に、またしても カゼをひいて フラフラです。 今年2回目のカゼよ〜〜

無茶しすぎなんだよね……。
今月（2003年8月）も、2徹してからそのまま夜中にホテルミラコスタに泊まり、次の日ディズニーランドで遊んだ……。疲れた……。

私は**大変怯えて**[※2]そして焦ってます。このままおでこがもりもりと盛り上がっていくと、最終的には麻原ショーコーのようなことになっていくのではないかと!! つねにしわのよった状態になってそのうちおでこ自体が重くなってまぶたなどにも重くのしかかるようになったら……。キャ——!!

そんなこわい想像に夢中になっていたずらに時間を浪費している場合ではない。そこで起源を探ってみると、このしわはたぶん、去年の後半くらいに突如として発生したことがわかった。わりと「ある日突然」出現したのだ。

それまでも、ときどき「おでこにしわのよる日」というのはあった。それはどんな日かというと、**頭脳労働に従事したまま**[※3]食事をし、おフロに入り、ベッドに入り、夢の中でも仕事や悩みに取り組んでいる、そんながんばり屋さんな日の次の日。とにかく頭にチカラを入れてぎしぎしとなにかをやっているのが何日か続くと、しわがよるのね。で、それはわかっていたのですが、何日かぼんやり暮らしてのんき気にしてるといつのまにか消えるので、「たまに現れては消える幻の湖」くらいに思ってました。でも今回は待てど暮らせど一向に消える気配がないばかりか、日に日に深く刻まれゆく気すらする。どうしたらよいのであろうか。そこでもう一度考えてみる(本当はこれ以上

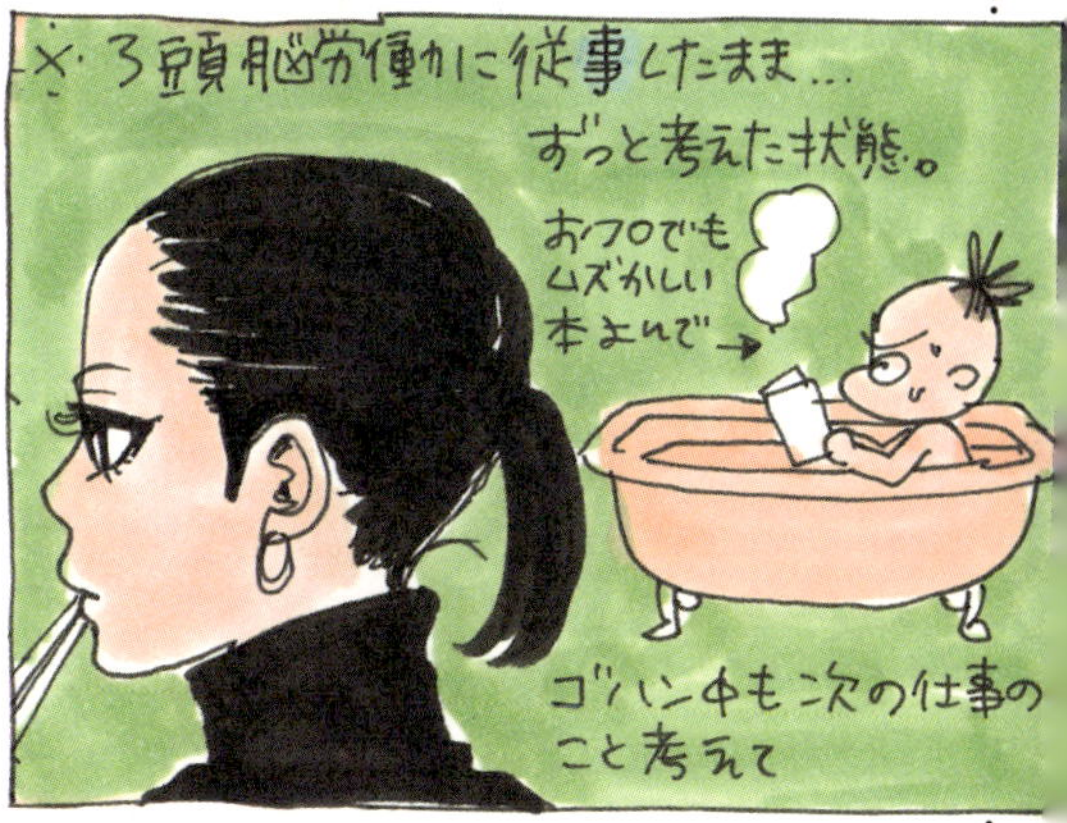

この絵を見て
「おススメのマッサージがある！」
とメールをくださった方がいました。
あれ、行ってみようと思ってます。

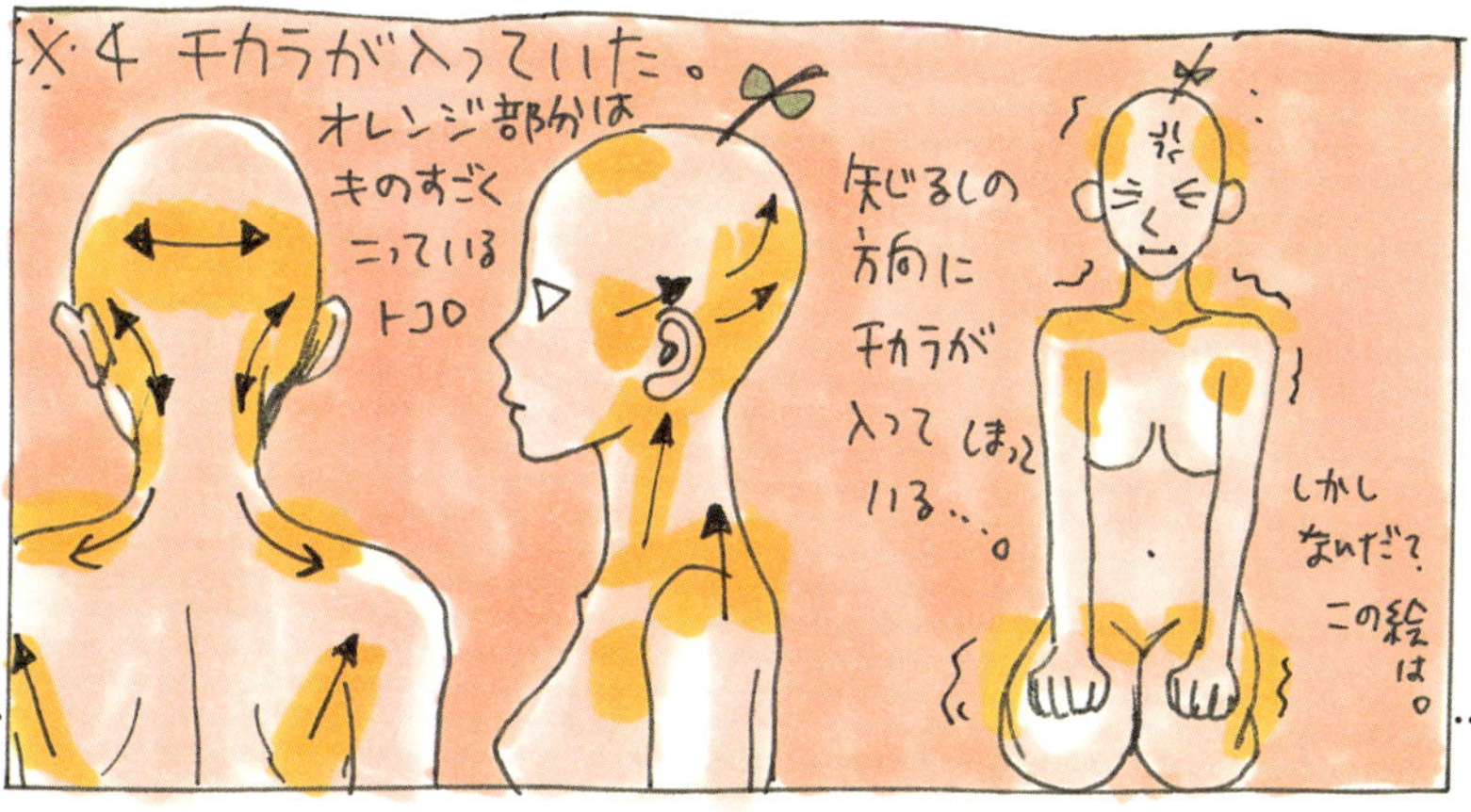

頭を使いたくないんだけど)。

今までの記憶では、頭を使っている時は首のうしろから後頭部にかけてチカラが入っていることがわかっているので、そこに意識を向けてみたらびっくりするくらい**チカラが入っていた**[※4]。入りすぎていて入っていることすらわからないくらい。もうどう抜いていいのかもわからない。いったいなんでこんなにチカラが入っちゃったのかもわからない。後頭部がこってくると、耳のうしろあたりのヒフがびしびしに張ってしまう。そうすると頭全体のヒフも硬くなってピーンとしてしまって余裕がなくなるし、首の両側もバリバリになっちゃって首から上がシャンパンの栓のような気持ちになる。いっそのことポン!と抜けてくれないものか。

私の考えでは首からのコリがどんどん進行していって後頭部を侵食し、頭頂部を越えて、おでこにまでやってくるとしわになるのではないかと思う。って原因の究明だけで満足してもしわは消えない。毎晩首を伸ばして、ストレッチにはげんだ。**おフロでも**[※5]首までつかってマッサージをして、後頭部までひたった。でも、しわは消えない。コリもやわらがない。なぜ!? こんなに必死でやっているのに……なぜ——!?

そんなある日、初めて会った編集さんに一冊の本をいただいた。『水は答えを知っている』（江本勝著、サンマーク出版）だ（続編『水は答えを知っている②』もある）。それは言葉によって水の結晶がキレイになったり結晶しなかったりという写真が載ったもので、ものすごく説得力のある本だった。だって**「ありがとう」**[※6]**って紙に書いて**貼った水と「バカやろう」って書いた水では、凍らせた時の結晶がまったく違うんですよ。もう、不思議すぎてびっくりですよ。

それで、ふと私の使っている言葉を思い出してみたらコレがま――「疲れた」「死ぬ」「ムカつく」「バカ」そんな投げやりな言葉のオンパレードですよ……。もちろん、「肩がこってて」「バリバリ硬くて鉄レベルっす」なども会う人会う人になんの気なしにアピールしまくっていた。人間の体も70パーセントは水……。そんな言葉がその本に書いてありました。そう、私の体の水分もそんな言葉たちに反応しているのではないのか。

さっそく、「やわらかくてふにゃふにゃだ」「リラックスしてやってます」などの嘘八百を口にしてみました。口だけでも……と軽い気持ちだったのに、なんと少しずつ肩が軽くなってくるのがわかるんですよ!!　気のせいでもい

※5 おフロでも‥
半身浴で汗かいても
案外手と首は冷えてたり
する‥。

い。この際しわがとれるのならば気のせいだろうと嘘だろうとなんでも言う!!　そんな気持ちでワタクシは今、毎日自分に「キレイ」とか「若い」とか「細い」とか言い聞かせています。**普段使いのコスメチェック**[※7]も大切だけど、普段使いの言葉チェックも必要かも。なんて反省しつつ今回は終わり。**「キレイ」**[※8] ←読者のみなさまにあてて書いてみた。

2003.5

この本、ホントに読んだほうがいいよ。

※6「ありがとう」って書いた
ありがとう
バカやろう
こおらせるのかって、とにかく結晶にする
キレイ
すっげ
結晶にならない
※7 普段使いのコスメチェック
気付くと使ってないまま2ケ月…とかゆうモノは捨ててます。
似た色のも
と一たして
似た成分のも
ツイ買っちゃうけど
いっこで充分!!
※8「キレイ」
綺麗
という字もキレイだよね

「キレイ」というのは「表面的な」というニュアンスがある、
とある随筆で読んだことがあるけど……。
私はもっときらきらしたイメージがあるのよね。

Style * Life * Mental

描き下ろし

プチ画報

古本屋さんで古いファッション誌を
見つけては少しずつ集めてます。
ホントにかわいくて大スキ。60～70'sは
モチロンだけど40～50's
なんかも女らしくて
すぐにでもマネをしてます。
と言っても髪が
できないんだよなー。
一緒にのってる
おっさんも
かっこいい。
花柄シャツがかわいい…

旅

Fashion
Beauty
Diet
Health
Style
Life
Mental

Travel

大きなバッグ・着替えたっぷり・テレビ満喫。そんなの醜い！女子の美しき小旅行とはなんぞや？

夏の間は暑いし仕事もあるので家ですごすことにした私。出たばかりのＤＶＤ「白い巨塔」[※1]を観る日々です。太地喜和子《たいちきわこ》からは、学ぶことが山のようにあって大変!!　他の出演作もチェックしないと。

それはさておき、そんな夏が終わったころに思いをはせるとします。なんか旅。それも一泊とか二泊の国内ミニ旅行に行きたい!!

そんな私の欲求によって今回のテーマは国内の小さな旅の愉しみ。そもそも国内だから思いつきで行きたい。何日も前から計画するのが苦手な私です。「あ!!　今日温

MOYOCO'S KEYWORDS
※1「白い巨塔」医師ドラマ。主役の田宮二郎
愛人役の太地喜和子 共に素晴らしい。特に
太地のエエ女っぷり、男のあしらいっぷり、ヘアスタイルは
「愛人とは こうあるべき!」という感じで最高です。
あたしも あんな愛人になりた〜い!!
フフン
※2 普段使いのバッグ
フェンディのトートとか
ヘビ革で むらさき!!
欲しいの だが
まだ買ってません。
↑雑誌入る大きさ
※3ドライヤーから…
基そ化粧品
カンセット
そのまま もってくる とか…
コテ
←コレは 持ってく時 あるの… あたし
くるくる ドライヤー
※5 紙のパック
他の◎ でも かいたぜ。
コレホント 便利だね。
今はアルビオンの薬用コンディショナーでパックするのにこってます。
※6 ネイル用のやすり
ヒマだからって 旅先でまで
テレビ観たくない。
寝る前も つけない。
こんな時こそ
つめみがきよっ!!

喜和子サイコー!!
やっぱりこの人がいないと……。
このヘアスタイルに、この秋チャレンジ!

泉行きてー」と、電車に飛び乗りたい。飛ばなくてもいいが普通に乗りたい。しかも荷物は**普段使いのバッグ**[※2]（大きめ）が理想。

なんか女子旅行でいつも思うのが「荷物多くねーか!?」という基本的なモンダイ。つーか引っ越すつもりなのか？ ぐらいな人もいる。**ドライヤーから**[※3]お風呂用品まですべてをつめ込んだヴィトンを抱えて。着がえも上下持ってきたりして。大変だ!! やっぱ同じ**ボトムに合わせて**[※4]違うトップスをコーディネイトっつーのがスマートでいいのではないか。っていうか私はそのほうがなんかかっこよい気がします。小さな旅でのめかしすぎはちょっと野暮《やぼ》ったくない？

まーそんなカンジでいつものバッグに下着とメイク用具と替えのトップス一枚入れて、サックリ出発。美容液とかヘアパックとかはモチロン持たない。でもホテルとかに泊まってお肌の乾燥が気になるって時は化粧水をふくむと大きくなる**紙のパック**[※5]を一コポーチに入れていって寝る前にタップリ化粧水を含ませてのっけて寝る。朝にはプルプルっす。そのほかはヘアブラシを一本持っていく。あとゆっくり時間もあることだし**ネイル用のやすり**[※6]とかは荷物にならないのでスキ間にすべらせとく。お風呂あがりにぼんやりネイルをとゝのえるためにネ。

今回は仮想で箱根とか行ってみよー。箱根といえば**富士屋ホテル**[※7]。ロマンスカーで湯本に着いたら登山鉄道に乗り換えて宮ノ下から歩いて行く。早めに着いたら向かいにあるアンティークショップをのぞいたりしても楽しいかも。ところでこの旅は女子友だちと2人でもいいし彼氏と2人でもいいと思ってます。が、できれば彼氏とのほうがうれしいっつーもんです。

小さい旅は**2人ぐらい**[※8]が楽。なにもかも身軽で、楽。夕食前にバーでシャンパンぐらい飲んでみたりして、大人になった喜びをかみしめる。時に大人になった喜びをみっしりかみしめることで大人の苦しみを乗り切るエネルギーを補充するのです。次の日は箱根彫刻の森とかで彫刻などを見て、世の中には自分とは逆の価値観もあるということを知り頭をシャッフル。これがものすごいストレス解消なんだよね。

ついでに言うと**彫刻の森にある子どもの遊び道具**[※9]はなぜ「大人の人は入らないで下さい。」なのか!! あそこで遊べればものすごいリフレッシュになるというのに……。だいたい大人の体重にたえられる強度がないのはキケンじゃないのか。子どもと取り合うのを心配するというなら大人用を設置してほしい。切に願う私です。いつもトランポリン等で遊べないのがくやしくてくやしくて……。

そんな彫刻にゃ興味まったくナシ！という人もいることでしょう。よくわかります。そんな人は登山鉄道の終点強羅《ごうら》まで行ってケーブルカーに乗り換えたあげく、さらにロープウェイに乗り換えていただき大涌谷《おおわくだに》へ行くコースをオススメします。このロープウェイすごいっスよ!!　恐いっスよ!!　地上何十メートルか知らないけど高いし下ケムリ出てるし。大涌谷で温泉タマゴをガン食いしたら、またしてもロープウェイに乗って桃源台に行ってみましょう。芦ノ湖の超悪趣味の遊覧船には絶対乗らないで、湖の周りの遊歩道を散策。ここまでやるとたいていくたくたになるので、桃

※7 富士屋ホテル
老舗。建物がものすげーカワイイ。「オーキッド・ラウンジ」というティールームでお茶するだけでも価値がある。
ろーかもカワイイ

※8 2人ぐらい
旅行でぞろぞろ歩くのは、いかがなものか。楽しいことは楽しいが。
ピヨ　ピヨ
あたしは団体行動キライなのでストレスでしか無い。

※9 彫刻の森にある子供のあそび道具
天井からつるしてあるハンモック状の
↑中に入れる
どっちもものスゲーおもしろそう
未来っぽい透明の三角形がつながってるジャングルジム
←アクリルのようなもの
※10 優雅な夢
夏の間は学習と美容にはげんで、秋口には太地喜和子に変身しといて田宮二郎似の医師と不倫旅行をするってのはどーだ?!
やりすぎ?
つーか無理…。

源台から出てる長距離バスで新宿まで帰るとずっと眠っていられてこれまた極楽。

乗る前にビールでも買って富士山見つつ帰途につく。でも湯本にもどらなかったので「福住屋」のかわむきしおからや小なすの漬物が買えない。そんな小さな後悔も抱きつつ小さな旅は終わるのであった。

なんて**優雅な夢**[※10]を見ている今の私。2時間後に締め切りを2つ抱えて両手両足インクでまっ黒。しかもドリンク剤の飲みすぎと過労でさっきから心臓が痛くてたまりません。夏の終わりまでたどりつけるといいのだが!!

2001.10

足まで黒いってどーゆう……。
自分でもどんな状態だったのか思い出せないよ。

美容先進都市・NYで、大人の女の美を発見せり！

＊美しき髪やら筋肉やらを求め、いざ街へ！

今回の美人画報スペシャルは、くそ暑い中わざわざ東京よりも暑い**ニューヨークへ!!**[※1]　取材時の気温はピーク時で40度。お風呂の中を歩くがごとし。

空港を出るとギラギラと照りつけるオレンジ色の憎いヤツが……。もしかしてこの取材でやせるかも!!　そんなはかない望みを胸にホテルへ向かう私たち。

クーラーがガッチリ利いたエントランスで文明のすばらしさをかみしめる瞬間。ここは去年（2000年）オープンした「**ライブラリーホテル**」[※2]。その名のとおり図書館をモチーフにしたシックなホテル。部屋ごとにテーマがあり、テーマに沿った本が本棚やベッドサイドテーブルに置いてある。読書好きにはたまりません。ちょっとした待ち時間や時差ボケで夜中に目覚めてしまった時など、気の向くままにページをめくれば普段手にとらないような未知の世界が広がって……びっくりしたり意外な発見をしたり……。ちなみに私の部屋のテーマは「**アフリカの宗教**[※3]」。びっくりするっちゅーねん!! ヤギの殺し方とか写真入りで説明されてるっちゅーねん!! そんなステキホテルを足場に今回も最新美容チェックへと!

最新……といっても最初に向かったのはオープンして7年目のサロン「**ウ[※4]オーレン・トリコミ**」。ここでヘアカラーをしてもらうことに。なにしろ**一[※5]ヵ月くらい美容室をサボっていた**のでかなり明るい茶色のアタマがまんまとプリン状態に。ああ恥ずかしい。いや、この取材のためにわざと伸ばしてきたんです。等の言い訳はいっさいするヒマもなく座ったとたんイキナリハイライトのブリーチが始まる。アルミで巻いたら残りの髪には濃いめのブラウンをサクサクぬってタオルで巻いてチンして終わり!

は……速え〜〜。しかも仕上がりは予想以上に大人っぽくてカッコいい。大満足の私。ブリーチ剤はオイルベースで髪を傷めず、カラーと同時だから時間も30分くらい。コレが今アメリカで進んでいるサロンの主流らしい。カットも入れて一時間弱。速いってスバラしい!

HOTEL

NY市立図書館近くに位置するライブラリーホテルは、こぢんまりと落ち着く雰囲気。2階にあるリーディングルームでは、朝食やアフタヌーンティ、ワインの無料サービスが受けられる。客室ごとに決められたテーマの本がそろえられており、人気があるのは「Love」や「Health and Beauty」だとか。テラスも読書に気持ちのいい空間。

Library Hotel
㊟299 Madison Avenue（at 41 St.）
TEL212-983-4500 www.libraryhotel.com

このボール、通販で売ってますよね。
買おうかなあ……。
でもすぐ飽きそうだしなぁ……。

すっかりいい気分で次なる目標は今回の目玉……セレブ御用達《ごようたし》の**プライベートトトレーナー**[※6]に筋肉づくり**体づくり**[※7]を御指導願う、というモノ。完全にhitomi狙い。体重は落ちても腕は相変わらず太いし、ヒップラインもたるんだまま……これ以上ヤセることでは解決されないところまで来た!!

トレーナーのルーカスにどこが弱いかチェックしてもらってメニューをつくってもらいました。しかしこのジムもロックフェラーセンターの中にあってさー……さっき行った「ウォーレン・トリコミ」のサロンも併設されてやんの。アメリカのセレブって……自分の肉体にかける情熱が激しいよね。

私はといえば、いくつかストレッチを習い、ダンベルや**デカいビーチボール**[※8]の**ストレッチ**をやっただけでなんだか達成したような気に……。**日本に帰って続けなきゃ**[※9]イミねーんだぞ!!!

と思いつつも移動の車でバクスイ。そう、日ごろの深刻な運動不足がモノをいい、たった小一時間の運動で疲れ果てて眠りこけてしまったのでした。あわれよのう……。

そんなあわれな私を癒そうと、次に向かったのが「ラ・カーサ・デイ・スパ」。

ここでは高濃度の塩のお風呂に浮くヒーリング「フローティング」にトライ！　浅めのバスタブに「エプソム・ソルト」という特殊な塩1000ポンドがブチ込まれてて、ちょっとトロッとしています。すると当然体は浮く。かなり浮く。体をリラックスさせて力を抜けば抜くほど浮く。完全にどこにも力がかからない状態で部屋は暗くしずかで温かい。「ママのおなかの中」

これが問題の死体写真。

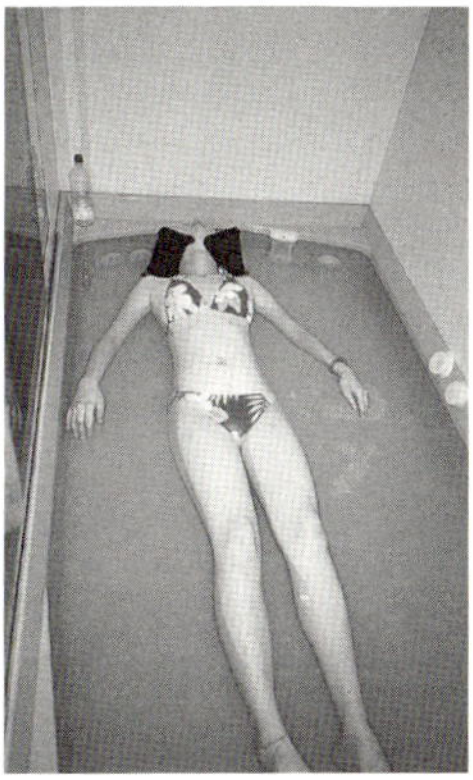

SPA

プエルトリコ生まれのスパは、カリブな趣。スタッフの方々もフレンドリー。「浮く安野モヨコ」も公開しちゃいます。この浮きは、リラクゼーションだけでなく、ダイエットにも効果あり。浮いたままマッサージが受けられる「フロッサージュ」もおすすめ。
La Casa Day Spa
㊟41 E. 20th St.
TEL212-673-2272

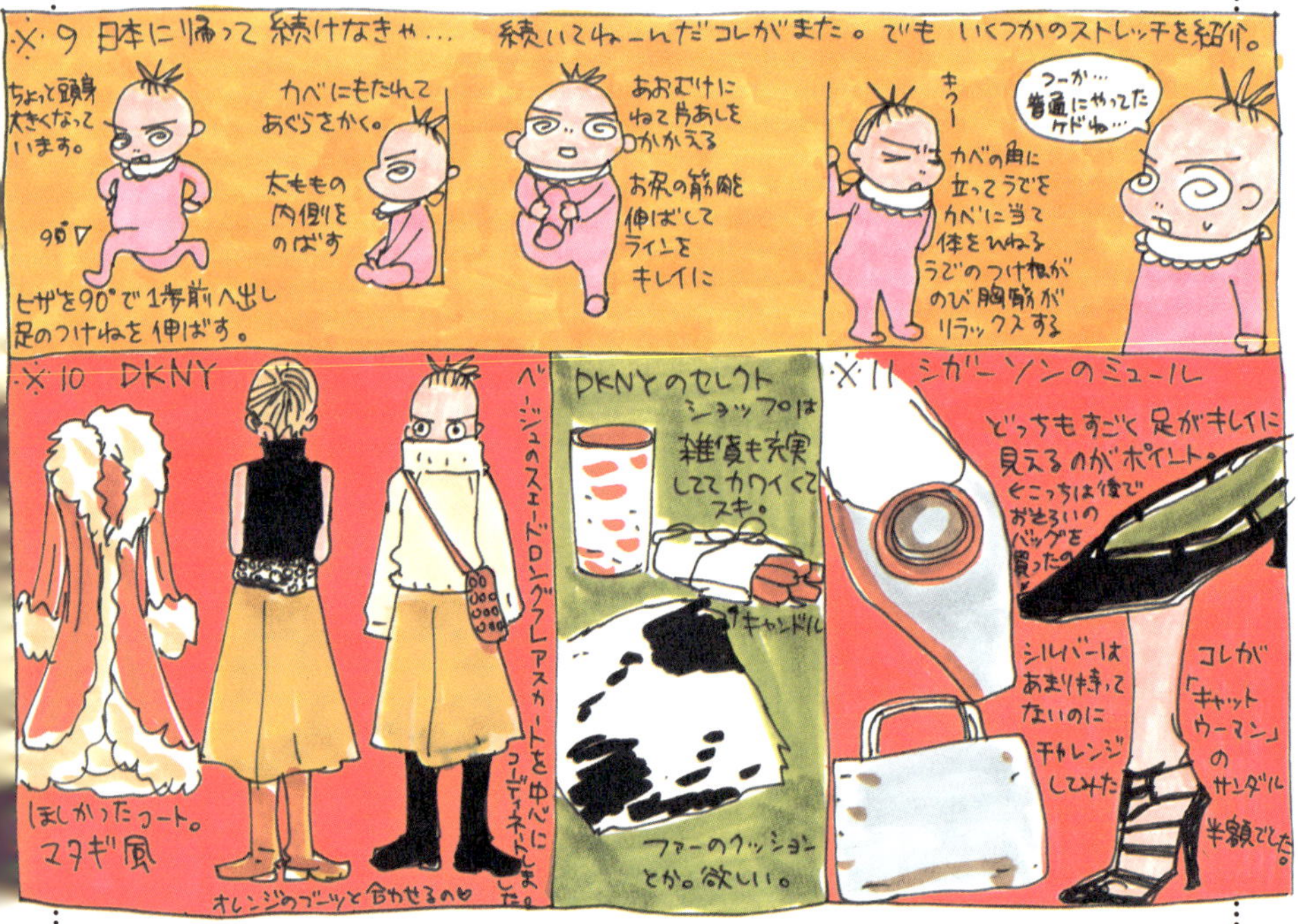

なワケです。
　ハッキリ言って気絶しました。どうです、この死体写真。死体かと思ったら私ですよ!!　ハハハ。この塩がまた、マズいんだけど体内の毒素を出す効果は高いらしい。受付のおじいはときどきこの中で寝てるだけあって、赤ちゃんのような汚れなき顔してたよ。コレは日本にもあったら流行るね。つー

か行くね。それだけ良かったっス。NYへ行ったらゼヒトライしてみてください。

★これでもか！
NYお買い物ハリケーン

さ、NYへ行ったらで思い出したけど、そもそも私はNYへお買い物に来たのだった。日本にいるとなかなか一日ゆっくりお買い物、というのはでき

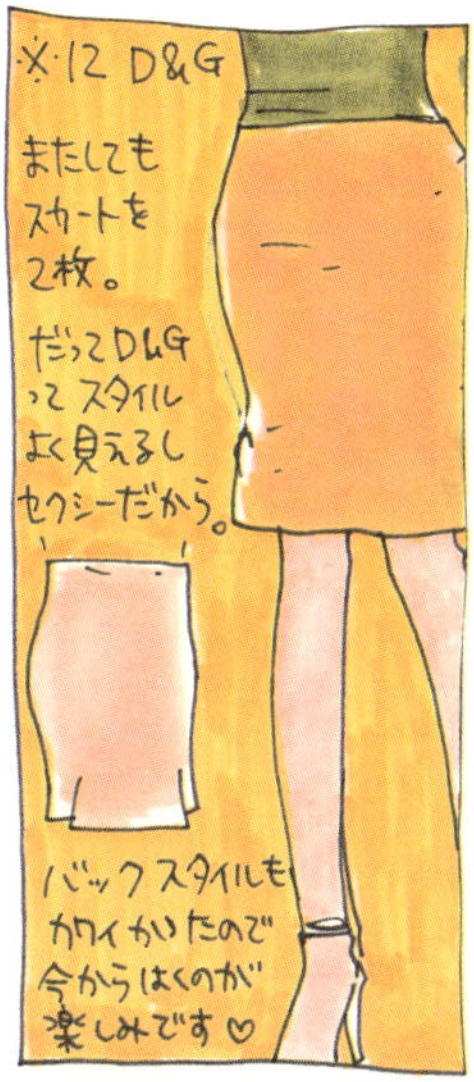
※12 D&G
またしてもスカートを2枚。
だってD&Gってスタイルよく見えるしセクシーだから。
バックスタイルもカワイかったので今からはくのが楽しみです♡

※13 ギャップのあるお店
GAPではナイ。GAPもスキだけど。
ハンバーガーショップでコーラ。ジーンズとスニーカーでもカッコよくドレスアップしてもカッコよく美しい、というのが本当にオシャレで素敵じゃないスか!!
それぞれのシーンでのファッションのツボを押えるには普段からハバを広くしておくのが重要かと思います。
どっちも大事よ

ない。ロケバスも用意してもらって荷物の心配はない。
すばらしい!! ビバ買い物!! とりあえず今年も引き続きベージュ↓ブラウンのグラデーションが私のテーマカラー。東京では黒ばかりが多くて見つけるのに気合入れないと! と思ってたけどNYはズバリそんな色ばっかり。ウキャ〜〜そしてファーやレザー、スエードを多用したスタイルが目立つ。私たちは以降コレを「マタギ風」と呼んでいたが、本当に「マタギ」多発でした。
DKNY[※10]のセレクトショップはそんな中でもダントツにマタギで、ものすごくカワイかった。いきなり大量のワードローブを購入。ちょっと前までキャリアすぎてまったく興味なかったDKNYだが、今回はかなりツボ。この買い物を皮切りに茶色で攻めた秋冬モノです。でもバーゲンでキャットウーマンみたいなラングのサンダルを買ったり、古着屋さんでサテンのぐしゃぐしゃキャミソールを買ったり、まったく脈絡のナイ買い物もしてしまいました。
そんな中でも**シガーソン**[※11]**で買った2足のミュール**は超気に入ってこの秋大カツヤクしそうな予感。何足もはき散らかして歩き回って鏡でチェック。そ

NY髙島屋でも売っていた「千鳥酢」、
私も愛用しています。

うやって選ぶ楽しみこそ買い物のダイゴ味。

雑誌片手の日本の女の子たちがマーク　ジェイコブスのブティックで「アノ、本に載ってるやつ」と試しもしないで（!!）買って行くのを見てニガ笑いの店員さんたち。「流行してるか」じゃなくて「自分に似合うか」がいちばん大事なのにィ〜〜とまたしてもホゾをかむ瞬間もありました。

フィフスアベニューの高級ブティックやバーグドルフ・グッドマンで**D&G**[※12]やフェンディの服も見て違う日には「NYの下北沢」ブルックリンのギャルいブティックでドレスを試着。ソーホーのセレクトショップもはずせません。最近話題のエリア、ミートマーケットにある高級セレクトショップ「**ジェフリー**[※14]」で、私と(担)は彼氏のシャツを購入。

いつも思うんだけど、お買い物をする時はできるだけ**ギャップのあるお店**[※13]、上はディオールやシャネル、下は古着屋さんやユニクロ、そしてセンターのセレクトショップ。そうやって見て回って自分に合ったものを値段に関係なくチョイスする。そう、「**セレクトショップ自分**[※15]」。私は今そのスタイルをいろいろ考えるのが楽しくて仕方ないのです。

セレクトといえば今回ビックリしたのが「**NY髙島屋**[※16]」のセンスの良さ。

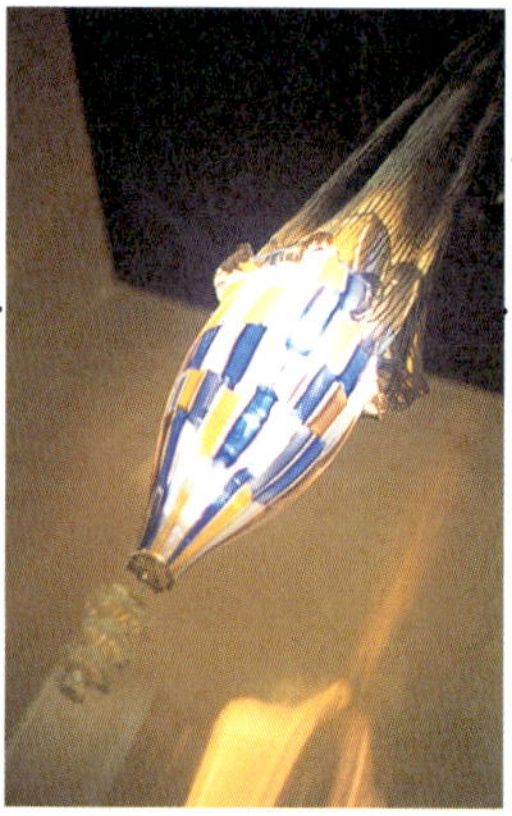

HAIR SALON

古いビルを上がって行くと、こだわりのインテリアもステキなサロンが。安野さんのヘアカラーを担当してくれたウォーレンの顧客はマドンナやイ　サン・ホークなど、セレブだらけ！　写真の安野さんの髪、この複雑な色みを短時間で出す腕前は、さすがでした。

Warren-Tricomi Salon
㊟16 W. 57th St.
TEL212-262-8899

※14 ミートマーケットのジェフリー
何のへんてつもない白いコットンシャツのテロテロしたやつをなんでもなく着る、ってゆうのがカッコよくて。
ニューヨーク アメリカ人の男性を見て「おお!!」と買った
しかし彼氏はハラが出ていてボタンが…。
担はさわやかチェックのシャツを
なんかさわやかすぎますか?
ウン!!
いや イイよ
※15「セレクトショップ自分」
スピリッツで連載していた「ショップ自分」というマンガが好きだった私…。柳沢きみお先生。

あたしのショップは流行を軽くとり入れつつセクシーでかわいくてスタイルがよく見える服を集めたいね。
※16 高島屋 紙バッグもむちゃくちゃカワいい
台形ってシンセン!!
Takashimaya
高マークがものすごくスタイリッシュに見えるバスグッズのシリーズは「Tea」とか「ginger」とかジャパニーズテイストの香りでCool!
※17 サイキック・リーディング
アムロちゃんや浜崎あゆみのボイトレコーチとしてもカツヤク中、ジャズシンガーでもある原田麻裕美サンに、みていただきました。
私のCDも聴いてネ
当たりすぎてコワいぜ
どの曲がスキかで占いもできるラブい曲のつまった1枚。日本でも買えるのかナ?エイベックスから出てます。
※18
水たばこマジでおいしい!!
また吸いて〜
赤ちゃんは吸っちゃダメ!!
ブクブク
プハー
うめー
コレ吸った時のテラジュンの幸せな顔が忘れられませ

日本では悪いけど老舗《しにせ》とはいえおばさんのデパートというイメージの高島屋。が、しかしNYのはものスゴいかっこいいジャパニーズスタイル。最上階のコスメフロアなんてディスプレイ、空間、どれをとっても尋常じゃないスタイリッシュさです!!

VOCE読者なら一度は行かないと、という世界の知られざる高級コスメのセレクトにはVOCE美容班の㊟ですら「こんなの初めて見た!」と興フン気味。㊭のマークが入ったオリジナルバスグッズたちもステキだし。なんか日本人としてハナ高かったよ。日本の高島屋もあーゆうスタイルにしてはどうか? 大人のジャパニーズスタイル、というか。

✱そして〝大人の美しい生活〟ってなに!?

大人といえば、毎晩ステキなレストランに行ってディナーを楽しんだのですが、大人カップル(夫婦)の多さにビックリ。日本ではあまり見かけないものね……。そういえばヘアサロンもマダムが多く、ショッピング中もオシャレな40~50代のマダムが多かった。みんなキレーにしてダンナに「キレイだよハニー」とか言ってもらってデートとか行ってるんでしょうね。あこがれるよ。

つーか日本って流行のサロンとかレストランやエステに若造しかいないじゃん。なんでそんなに金あんだ？　つーぐらい若い子ばっか。ダメだダメだ。自分かダンナのお金でしか買い物禁止!!　まあ……若いのはいいけど、もうちょっと30〜40代の女性がそういうのを楽しむようになるとイイかなーなんて……。思った次第でございます。

だって到着してすぐ行った**サイキック・リーディング**[※17]で来年結婚するかもって言われたんだもの……。なんかさ、それはいいけど結婚したとたん「家族」になってしまうではないですか日本って！　だからそうならない方向で、と考えると……。やっぱ結婚してママになってもサロンでキレーにしてセレクトショップで買い物して旦那とデートとかしたい!!　そんなことを考えさせられた今回の旅でした。

ちなみにイチオシはフローティングと北アフリカ料理のお店で体験した**水**[※18]**たばこ**!!　長いパイプでプカプカふかすんだけど、ニコチンくささやけむりがのどにガッと入る感じはまったくなくてとってもマイルド。おまけにアップルとかのフレーバーをつけてもらうと肺の中からいい香り。気分はすっか

り「不思議の国のアリス」に出てくる水たばこを吸うイモ虫です。
しかしこんなの吸えるなんて……私も大人になったもんだなーと思いつつ
NYリポートは幕を閉じる。そして今度は「大人の美しい生活」について考える日々が始まるのだった。

2001.11

RESTAURANT

「食部門」で安野さんイチオシだったのは、北アフリカ料理のビストロ、ル・スーク。かわいいけど妙に落ち着くインテリア。そして超お気に入りだった水たばこ。いろいろなフレーバーやアルコールをチョイスしてプラスできるのも楽しさポイント。もちろん料理は「なにを食べてもめちゃくちゃおいしい」。
le Souk ㊟47 ave. B TEL212-777-5454

撮影／井島健至

描き下ろし

プチ画報

海外もスキですがここんとこはもっぱら
国内旅行で日本再発見、が楽しいです。
大体、旦那or親友との2人旅。

ものすご———くさびれた
ところも大スキです。
素泊りで5000円とかそれ以下とかでも

そのかわり建物が本当に古くって
昔にたてられたままのやつ!!

↑まどワクも木で!!!
サッシ不可!!
すきま風も虫もぜんぜん平気。がマンする。

部屋はせまくてもいいから
とにかく日本家屋!!という
宿がいいのであります。

あとはその土地の古書店を
めぐり、ほり出しものを
ほり出すのも楽しみ。

あと、スーパーでその土地ならではの
日常おかずなどもチェック!!

忍野八海で買った「ぶどうジュース」←でかい一升びん…。

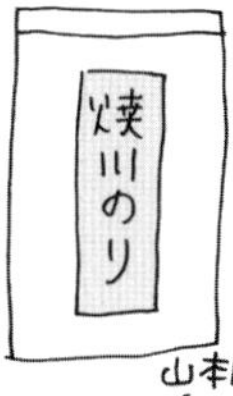

伊豆高原で買った川のり。
ものすごくおいしいけど東京で売ってないので今はとりよせてる。
山本商店というたたみ屋さんが作ってんだよねー。

宮古島の古本屋はデカかったなー。
↑ダンボール2箱分本を買った…。

『美人画報』完結記念・語り下ろし
モヨコvs.新旧㊥

スペシャル暴露対談

小林―『美人画報』初代担当。掴みどころのないそのキャラで、「彼は大物にちがいない！」（モヨコ談）との評価を得る。『美人画報ハイパー』には「小林嫁」も登場、その女子力の高さは大きな反響を呼んだ。
寺田―2000年より『美人画報』担当。VOCEでは美容班に所属している。「またそんな女王サマ系な服を着て！」とモヨコに叱られがちな、コワモテ系女子。つまり女子力はいまひとつ。

＊「女の人生まぜごはん」を間一髪で回避してスタート！

寺田（以下寺）　祝・完結ということで、振り返ってみましょう、『美人画報』。
小林（以下小）　じゃあ、頭から振り返って。なんだっけ、「女の人生まぜごはん」から？
寺　（爆笑）
モヨコ（以下モ）　そんな、素で笑わないでください、腹の底から。
寺　す、すみません、マジ笑いでした、今。
小　最初のタイトル候補がこれだった。そのままいってたら、「女の人生まぜごはんハイパー」になってたのか……。どう略すんだろうね。お……「おなまぜ」？？？
モ　な、なんかやばい感じ。
寺　「女の人生まぜごはん」を阻止したのは小林さん？
小　いや、けっこう気に入ってたんだけど……。

モ　気に入らないでほしいんだけど。
小　だって「まぜごはん」って感じだろー、って（当時の編集長が）言っててね。
モ　なんでまぜごはんなの。
小　ほらいろいろ、恋ありメイクあり、オシャレあり、みたいな……。
寺　あーなるほど、女の人生の要素がなにかと、まぜこぜで入ってきてる連載、っていう思いを。
モ　だからって「まぜごはん」はないよ。ごはんにする必要がないから！
小　で、最初の原稿がVOCEのパイロット版の時なんだけど（単行本『美人画報』収録）、これが今でもすごく覚えてる、穴の開くほど書き直しまくった手書き原稿で。
モ　私はほんとにいろんなところで言ってるんだけど文章の仕事がすごい苦手で。「書けないっつーの！」っていう。で、ほんとに書けなくて。書けば書くほどダメさが際立つというか……。ほら、洋服のコーディネイトと一緒でさー、上下のコーディネイトが変だから上を替えてみて、上に合わせて下をまた替え……ってどんどんわかんなくなっていくの。最初の文脈に合わせて下を書いていくんだけど、書き進んだら最初の文脈を直さなきゃとかなってどんどん直していくうちに何が書きたかったのかさっぱりわからなくなってきて。
小　でも、ちゃんと理論構築を短い中でしていて。それまでに安野さんの考えていたことがちゃんとテーマに沿ってまとまっていて、「ゆえに、なんかしなくちゃいけない！」ってとこまでたどりついていたし。あと、初めは〝キレイにならなくては〟という切実感があった。ものすごく！
モ　連載が始まったのは、すっごい忙しい時期で、「この連載をどういうふうにしようか」とかって、実は全然考えてなかった。もう毎月次々と締め切りがやってきてて「はい、次。はい、次。はい、あ、次、『美人画報』だ」ってどんどん描いていて。それが、ナゾの集中力を生み出してましたね。
小　うんうん。

モ　今、雑念だらけだから！　でもさ、小林くんの担当時代って、けっこうひどい写真を載せられてさ、しかも「これが現在の最悪ヘアだ!!」とか書かれたり。書いてたの小林くんなんだけど。ひどいよね。撮った中でもいちばんひどい写真選んでて。「ほんとにひどい写真ですね」ってよく言われた……。

小　いや、開き直ると……これを許した安野さんの度量がすごい。でもね、こういうのがないと……編集者と書き手がナアナアになっちゃって、客観性がなくなっちゃう。VOCEはマンガ誌じゃないし、「先生」として持ち上げちゃう感じは避けたいなと。だからちょっと突き放した感じを意識してました。そうすることで読者も安野さん側の気持ちになれるというか。「安野さん可哀想かも」っていうぐらいの(笑)。

モ　許すもなにも、なんの許可もなく載っけてたくせに。

小　いやー。そして今見るとほんとにもう、キレイになってますよね。

モ　元が元だけにね！

＊『美人画報』の歴史は「モヨコの挫折の足跡」なのか？

寺　この連載、VOCE創刊から5年以上続いたんですけど。読者から圧倒的な支持を受けた理由のひとつだと思うのが、その5年間、安野さんってほんともう、ずーっと、要所要所でダイエットしてるんですよ。

モ　そうなんですよ。

寺　ってことは「ダイエット成功！」って瞬間がありつつ、また太ってるってことですよね。で、それをまた報告するし。「お菓子イッキ食い！」とか。失敗のエピソードも、ちゃんと書いてる。

小　それは、大事だよね。今までそこをきっちりさらけ出せた人はいなかったのかもしれない。

モ　え、そうなの？

寺　でも、普通の女の子って、絶対ザセツするものでしょう？　だからこそみんな「お……同じ！」と思えるところがあって。ある意味非常に女子に優しかった、というか。

モ　今まではそういうところに不幸があってさ、みんな、自分のカッコいいとこばかりを人に見せて、だからそれ見た人はみんな「うわー、私だけできてないんだー」ってなるわけでしょう？

寺　そうそう。そういう本っていっぱいありますよね。

モ　でもそんなの意味ないじゃん！　それで落ち込んで「私だけこんなダメなんだ……」ってなったら。私、『美人画報』の読者の方にすごい言われるのが、「読むと〝上がる〟」っていう。それはやっぱり「成功もあるけど失敗もあるし」っていう……それが普通だと思うんだけど……なぜそれをみんな隠すのか、と。

寺　うん、それを包み隠さずちゃんと描いてくれましたよね。「3歩進んで2歩下がってるけど、でもちゃんと一歩は前進してる」っていうような。

モ　は！　今、気づいたけど、なんか、「努力してキレイになってる人」っていうのは、その努力の過程とか失敗もしたってことを言うのは美しくないから、しないのかも……。私、そこに大きくつまずいてんじゃないの、もしかして（笑）。

小　いや、これ、ヘンな意味じゃないんですけど、要するに美しくないことがいいんだと思うんですよ。これがほんとに美人が書いた、ただ美人が自分の美について語ってるだけの本だったりしたら、おもしろくもなんともない。『美人画報』は「美人をめざす画報」なんですから、基本的に。だから中山美穂がこれ書いてたらシャレにならない（キッパリ）。

モ　なんか、ビミョウなことを言われてるなー。

小　安野さんの「奮闘感」が絶妙にいい感じなんですよ。あんまり高度な理論とか方法論に裏づけられすぎてるわけでもないし、かといってただ無闇にがんばってるだけ、っていうのも読んでられないし。その奮闘具合が絶妙。かなり自分を突き放して見たり、時々半ば諦めたり。

とってもヒューマンな感じ。ダイエット、一年に5回くらいザセツしたりね。ようやく6回目で成功、とか。非常に人間としての温かみを感じる(笑)。

モ　今もまたダイエットしてるよ！

小・寺　……。

＊ほんとにオシャレで美しい、ってなんなんだろう

寺　安野さんは忙しくても手間暇かけてる印象が強い。

モ　でも省略してるなーとは思うけどね、いろんなことを。

寺　でもそれってバランスで。小林さんが「安野さんはバランスがいい」と言いますが、省略するとこを判断できないとしんどくなっちゃうのでは？　全部百パーセントやったらしんどいし、全部手を抜いたら美しくないし。そこのメリハリのつけ方が大事なんですね、きっと。

モ　そのへんを、自分でこう、考えないとね。正解はひとつじゃないし、自分にとっての答えは自分で考えるしかないんだけど、でも考えるってやっぱりしんどいし悩むから、誰かがやってるのを見てそれをトレースするのってやっぱ楽で。ただ楽だけどそこに創造性はないし。

小　うん、日本人の服の着方とか、ファッションへの意識とか、これだけいいブランドもあるし情報あるし、気合も入ってるし、モードとしては優れてるのかもしれないけど、それを着てる「人」として見た時の魅力はどうか？と。洋服っていうのはやはり着てなんぼ、っていうか。着させられてる感じになっちゃだめなんだな、って。

モ　すごいわかる。着物とかでも、ずっと着こなしてる人と全然違うし。いろんなバランスみたいなものがズレて、めかす方面にベクトルがひとつだけいきすぎちゃうと、存在自体が困った感じになるじゃん。

寺　めかす、っていう気持ちがあんまりにも表に出てるのって、みっともないよね。

モ　かといって、ほんとにめかすべきとこにわざと気を抜いてくるのもかっこ悪い。バランスだよね。
寺　バランス感覚……。
（隣のテーブルの女子5人グループの声が異様に大きいのを受けて）
モ　……バランス。声が大きすぎる、とかも。なんちゃって。こういうほかの人たちもいる場で、「自分たちの盛り上がってる感」みたいなのを出さないといられない人。すごく嫌いだから。
寺　私もイヤです。
モ　同じ店内にほかの人たちもいるということにまったく心遣いがないのが……。そういうのがいちばん、醜いと思うよ……。
小　本来、そういう集団とか周りの目とかにさらされて自分というものが成り立っているはずなのに、それが切れちゃってる感じがする。メイクやファッションに入れ込みすぎるのも。
寺　ピーコさんが言ってました、雑誌で。オシャレかどうかの判断基準がものすごい小さい場の中だけのことになってる、と。女子高生のソックスの長さひとつとっても、小さい共同体の中でアリかどうかだけになっていて、その外の人たちにはオシャレどころかもしかしたら不快感を与えてるかもしれないという目線は全然ナイ、と。……こういうのも、バランス感覚の問題でしょうか。
モ　ほかの人から見てどうなのか、を、「前向きに気にする」のはいいことだと思う。
寺　「バカにされるんじゃないか」とかじゃなくて。
モ　そうそう、じゃなくて。結局、なんでキレイにするのかっていったら、昔だと「みだしなみ」とか、一緒にいる人を不快にさせないとかがそもそもあって。そういうのがいちばん大事なんじゃないのか、と。オシャレしたりとか、メイクをキレイにしたりとかと同時に、物を大事にしたりする気持ちがないと、美しくはないのではないか、と。

寺　それ、「キレイになるためにやっていることでも、その過程が醜かったら、それはほんとに〝キレイ〟なのか?」っていうのと、ちょっと近い?

モ　うん。みんながもっとそんな気持ちを持ったらいいなと。すっごい最新モードを身につけてる、とかじゃなくて。ほんとの意味でちゃんと「キレイにしている」人だったら、こういうふうにうるさくしたりって、ないと思う。たたずまいが美しい人って、その人がほんとに美しいと思う服を着てて、一緒にいる人を気持ちよくさせて……そういうのが本当に美しいってことだと思うの。

＊「自分キャラ」を受け入れるべし!

寺　しかし、やはりキレイになる、っつーのはキビシイ道なんですねー。どうしたものやら。

小　なんかね、女子を見ていて思うのは「認めたくなくてもまず、自分がどう見られるのかを受け入れる」のが大事なんじゃないか、と。たとえばジョディ・フォスターだと、「こういうふうに見られたい」ってところでしか動かなくなってしまった苦しさがある気がしちゃう。でも下の世代のキャメロン・ディアスとかだと、どう見えるかを受け入れてから自分を演出してるというか。それが「セクシー」でも「バカ」でも、ファーストインプレッションから始めてる感じ。

モ　流行にのってさえいれば、「一見」はどうにかなっちゃうのが恐いところで。でも私はどんなに流行ってても、自分に似合わないものは着ない。それは「流行の格好」には見えても、「美しく」は見えないと思うよ。私はカーゴパンツははかないし、ショートにはしないし、スニーカーは履かない。似合わないから。似合わないものを身につけると、自分の居心地が悪くなるしね。

小　自分が居心地悪かったら、それが美しく見えるわけがないよね。

モ　不自然なものは、美しくない。

小　自分にとって「自然」に似合うのはなにか、っていうのは、さっき言った、「人からどう見えるのかをまず受け入れる」ってこともひとつあるんじゃないかと。

寺　ああ！　私よく、外見的に「恐そう」って言われるんですよ。で、ある時から「あー、そうなんだなー」って思うようになり、服とかも変わって。ええ、恐い系に。エナメルのコートとかほとんどボウズの超ショートヘアとか、先がとがったブーツとか。したら、よく誉められるようになったんです。そのへんから自分のスタイルって確立してきた気がします。そういうこと？

小　（やや引き気味に）……たしかにかなり変わったかも（笑）。

モ　映画『ショコラ』に出てくる人たちって、最新モードとかじゃないけど、キレイな色を身につけていて、見てて気持ちいいの。むっちりした足なら、パンツじゃなくてフレアーのスカートをはくと女らしくてセクシーとか。自分の魅力のありどころを自分で認めると、ファッションって美しくなるんだと思う。キレイの秘訣はやはり、「客観性」なのかなー、と。

小　魅力的に見える人にはそれがある。まずファーストインプレッションを素直に受け入れて、表現してみる。中身なんてあとからゆっくりプレゼンすればいい、くらいで。そこに知性が見えるんだと思う。そういう人って、たとえば、パメラ・アンダーソンとかかな（笑）。

モ　自分をわかって演出してるよね。

小　安野さんは、前時代的な女の人の「こうあるべき」っていう窮屈なものを否定した。窮屈な時代はもう終わったから、これからはほんとにいろんな魅力が「あり」になるんじゃないかなあ。

モ　まーでもそれもあんまり決定せず、気楽な感じで気持ちよくいきたいっすね。

小　今はほんとにいろんなキレイが選べて、女子には楽しい時代だと思うよ、つくづく。

寺　選べることを楽しいと思えるようになると、いいですよね。そんでキレイになれたら。

モ　ほんとに、そうだよね。キレイをツラく苦しく考える時代は終わった！ってことで！

（2003年夏、代官山のお鮨屋さんにて）

あとがき

いやはやなんともこれにて最終巻なわけですが……本当にこの『美人画報』は私にとってワンダーな仕事でした。

そもそも引き受けたことが不思議だったのに、一冊分もナゼか続いて、そのうち自分がタイトルに引っぱられて本当にダイエットとかその他いろいろやり出して……というね。

本当にフシギ!!

そうこうするうちに2冊目(ハイパー)も出て……これがまたおびえるくらい売れて……。

本当にフシギ!!

それにしても『女の人生まぜごはん』というタイトルになるハズだったこの本。この連載の間にやせて太って、太ってやせて結婚までしたりして仕事でも大きなスランプやら長期連載の完結やらがあり……。

本当にまぜごはん!!

女の人生模様がまぜごはんのようにつまっています。今、読み返しても、このころはラブうまくいきつつダラけてる自分へつっこむように書いてた……とか、このころは本気でがんばってた（ラブなしで）とか……いろんな情景が浮かんで……ナミダが……。

ちょっと後戻りもしてみたり、寄り道したり、バク進したり。

そんなことを繰り返して、またひとつまたひとつと進んでいくと、人生はずう――

っとたぶんこれの繰り返しなのだ……と思う。

ていうことはやっぱり女の人生はまぜごはんなのだろうか……(しつこい)。

美についていろいろ考えたことで、学んだこともたくさんありました。

そして大切なのはたぶんね〜〜……あんまり「美!!」と思いすぎないことかも。と最近思う私です。本当に美しい人は自分の美だけではなく世界に美を見つける人なのです。

最後になりましたが、今回も担当対談で登場の小林さん、寺ちん、取締役の伊原さん、VOCE編集長の並河さん、編集部吉岡さん、かなちゃん、その他お仕事を通して出会ったたくさんの方々。みんなそれぞれ自分の美学を持って仕事もして人としてもバッチリ生きているステキな人ばかりでした。本当に感謝と愛をおくります。

美しいことは大切だけど、結局どう生きるかということの上に美しさは華開くものなんだと、この長い連載で学びました。それは、一緒にお仕事させてもらったみなさんと、読者のみなさんから教えてもらったと思います。

なんか最後だからってキレイにまとめようとしています。オチをつけろって感じです。でもいっか最後だし。美人画報ってことで。

この連載が終わっても美の道は続きます、私の前にも、これを読んでくださっているみなさんの前にも。そして歩いていくのです。


ありがとうございました!!

2003年8月　安野モヨコ
またどこかでお会いしましょう。

* colophon *

安野モヨコ
あんの・もよこ

1971年、東京都生まれ。

小学校3年生の時、漫画家になることを決意。高校3年生で漫画家デビュー。

以後、『ハッピー・マニア』(祥伝社)、『ジェリービーンズ』『ラブ・マスターX』(宝島社)、『ツンドラ ブルーアイス』(集英社)、

『花とみつばち』『さくらん』『シュガシュガルーン』(講談社)など、数多くのヒット作を生み続けている。

オリジナリティとセンス溢れるその画風と、鋭くかつユーモアに満ちた視点とで、
ファッションやビューティのジャンルでもオピニオンリーダー的存在感を発揮。

常に複数の締め切りに追われる生活にあってなお、美を追い求める意欲はみごと。

本書は、「VOCE」の連載『美人画報』2001年9月号から2003年8月号までを加筆訂正し、
描き下ろしを加えてまとめたものです。

美人画報
ワンダー

2003年11月4日　第1刷発行
2003年11月28日　第3刷発行

著者
安野モヨコ

発行者
野間佐和子

発行所
株式会社 講談社
〒112-8001 東京都文京区音羽2-12-21
電話／編集 03-5395-3469　販売 03-5395-3622　業務 03-5395-3615

装画・本文イラスト
安野モヨコ

ブックデザイン
鈴木成一デザイン室

印刷所
大日本印刷株式会社

製本所
株式会社若林製本工場

定価はカバーに表示してあります。落丁本、乱丁本は購入書店名を明記のうえ、小社書籍業務部宛にお送りください。送料小社負担にて
お取り替えいたします。なおこの本についてのお問い合わせは、VOCE編集部宛にお願いいたします。
ISBN4-06-212108-5